MARCO POLO

Camper Guide

Sardinien

Insider-Tipps

Für deine Wohnmobil-Touren

in Zusammenarbeit mit

Timo Lutz

Inhalt

Das Beste zuerst

Insider-Tipp

Serviceangaben

Parkplatz

Fototipp

Hunde willkommen

kinderfreundlich

schöne Lage

€–€€€ Preiskategorien

Planen – Packen – Losfahren

Hol dir den Soundtrack zum Urlaub auf **Spotify** unter **MARCO POLO Italy**

Die besten Touren durch Sardinien

MARCO POLO
Digitale Extras

TOUREN-DOWNLOAD

Alle Touren aus diesem Band
als gpx-Download
zur einfachen Orientierung

marcopolo.de/camper-guide/sardinien

Trendziele, Inspiration und aktuelle Infos findest du auf
marcopolo.de

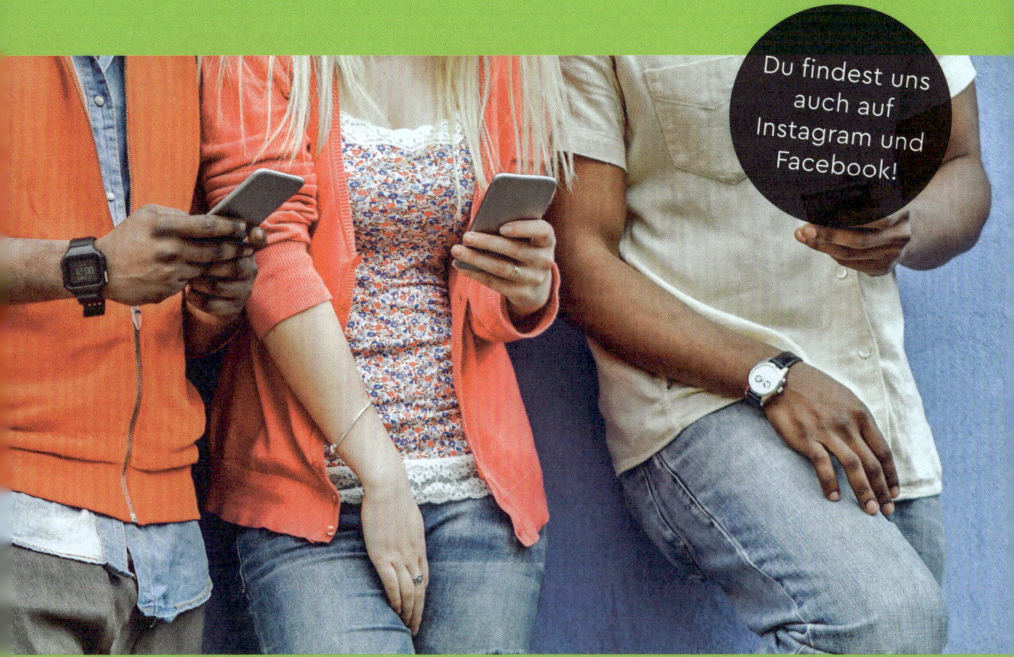

Du findest uns auch auf Instagram und Facebook!

PLAYLIST ZUM ROADTRIP

Den Soundtrack für deinen Urlaub gibt's auf Spotify unter MARCO POLO Italy

Alle Infos zum digitalen Angebot unter

marcopolo.de/app

Best of Campingplätze

IDEALE WELT

Im Abbatoggia Village auf La Maddalena stehen alle Zeichen auf Entspannung.

1 Für Fans des Wassersports

Dich hält schon nach fünf Minuten Nichtstun nichts mehr in der Hängematte? Dann bist du auf dem **Camping Bella Sardinia** genau richtig. Anfängerkurse von Stand-up-Paddling bis Beach Volleyball, Tennis und Kajak – findest du alles direkt am Platz! Vor allem Kinder kommen bei der Sportanimation ziemlich auf Touren.
▶ S. 121

2 FÜR SURFER-DUDES

Wenn du vom Wohnwagen direkt aufs Surfbrett springen willst, bist du auf der Campinginsel **Isola dei Gabbiani** sofort heimisch. Hier hast du den Topspot Porto Pollo direkt vor der Nase und dank der zwei ganz unterschiedlich ausgerichteten Strände garantiert den richtigen Wind im Segel. Alle anderen können sich in den Mini-Buchten auf der Campinginsel entspannen. ▶ S. 149

3 FÜR VIERBEINER

Das **Glampingdorf Tiliguerta** ist ein echtes Fellnasenparadies. Haustier-Swimmingpool und sogar eine Hundetrainerin und einen Tierarzt am Hundestrand – so kann auch dein Vierbeiner mal richtig entspannen! Auch für Herrchen und Frauchen ist gesorgt: Für die gibt es einen Poolbereich, ein super Restaurant und Wellness von Pilateskursen bis Zen-Shiatszu-Massagen sowie einen Tennisplatz. ▶ S. 73

4 *Für Naturliebhaber*

Hier stehst du mittendrin im Inselparadies La Maddalena! Sonnenstrahlen bringen die Wellen und deinen Kaffee zum Glitzern, wenn du dir morgens im **Abbatoggia Village** den Mistral um die Nase wehen lässt. Dies ist ein Ort zum Abschalten und Relaxen. Und der angeschlossene Quasi-Privatstrand ist ein Traum! ▶ S. 167

5 *Für Familien*

Das Campingplatz-Feriendorf **La Foce Village** ist ein riesiges Stellplatz-Paradies für Familien. Betreuer bespaßen die Kleinen im Kinderclub, die Großen können am Pool entspannen oder sich mit dem kleinen Shuttleboot über den Fluß zum Dünenstrand bringen lassen. Außerdem kannst du Kayaks und SUPs ausleihen und den Fluss aufwärts paddeln. Dort herrscht dann auch wieder Einsamkeit und im Flussdelta kannst du ungestört seltene Wasservögel beobachten. Abends trifft man sich dann auf der Camping-Piazza zu Show und Musik – das ist Italien! ▶ S. 145

Entdecke Sardinien

HEISST PARADISO UND IST SO

Dein eigenes Tauch- und Schnorchelparadies kannst du an der Costa Paradiso entdecken.

Wenn am frühen Morgen die Silhouette Sardiniens am Horizont aus dem Meer emportaucht, feuchte Salzluft in dein von der langen Fährüberfahrt noch müdes Gesicht weht, dann liegt dein Sardinientraum nur noch ein paar Seemeilen entfernt. Bist du erst mal da, dann riechst du schon: Die würzigen Kräuterbüsche aus Ginster, Strohblume und Rosmarin, der harzige Geruch der Pinien – das ist Sardinien. Und jetzt am frühen Morgen liegen sie noch einsam für dich allein am stillen Meer: die endlosen Megastrände, türkisblauen Superbuchten und märchenhaften Felsriesen der zweitgrößten, aber vielleicht schönsten Inseln des Mittelmeers.

Das echte Sardinien

Die wahren Inselbewohner leben wie ihre Vorfahren in den Bergen. Seit im 9. Jh. v. Chr. mit den Phöniziern die ersten Eindringlinge anlandeten, sahen sich die Sarden fremden Herrschern ausgesetzt, die nur eins im Sinn hatten: die Bevölkerung zu versklaven und die Reichtümer ihrer Insel auszubeuten. Man zog sich in die wilden, unzugänglichen Berge zurück, wandte Meer und Welt den Rücken zu. Auch wenn die kurvige Fahrt ins Inland nicht immer ein Vergnügen für Gefährt und Fahrer ist, gehört die Begegnung mit dem Hirten, Weinbauern oder Tischnachbarn der verstaubten Dorfbar einfach dazu. Hier entdeckst du eine in Traditionen tief verwurzelte, zurückhaltende Bevölkerung, die Gastfreundschaft und Respekt als hohe Güter achten. Hast du erst mal Freunde gefunden, wirst du ganz sicher aufs nächste Dorffest eingeladen, und manches Stellplatzproblem löst sich ganz von alleine ...

UNABHÄNGIG

Graffiti längs der Schnellstraße: „Sa Sardigna no est Italia: indipendèntzia!", Sardinien ist nicht Italien: Unabhängigkeit! Viele Sarden sind der Ansicht, dass ihre Insel ein unabhängiger Staat sein sollte. Doch wie das aussehen soll, dazu gibt es hier ungefähr so viele Meinungen wie Dörfer.

Die sardische(n) Sprache(n)

Ein Großteil der Inselbewohner spricht es: Sardisch steht dem Spanischen nahe. Doch sardisch ist nicht gleich sardisch, jedes Dorf hat seinen eigenen Dialekt. Im Norden spricht man Gallurese, das vom Korsischen abstammt. Dazu gesellen sich weitere Sprachinseln: In Alghero sprechen ältere Menschen noch katalanisch, auf der Insel Sant'Antioco und in Carloforte ligurisch. Übrigens: Das sardische Wort für „ja" ist „eya" und sollte in deinem Wortschatz nicht fehlen.

Plantschen und Party, Entschleunigen, Erleben

Natürlich ist Sardinien vor allem eine perfekte Badeinsel. An den Endlosstränden von Badesi, Costa Rei, San Teodoro, Budoni und Barisardo kannst du frühmorgens Spaziergänge machen oder im Westen die Sonnenuntergänge genießen. Oder einen Sundowner auf den Bastionen von Alghero nehmen, wo die Silhouette der Karstfelsen des Capo Caccia, sagen die Sarden, einem liegenden alten Mann mit Bäuchlein gleiche. Doch auch das ist Sardinien: Nach dem Frühstück sorgt das „Animazione"-Team auf dem Campingplatz für Trubel und sammelt Kind, Kegel und sonstige Bewegungsfreudige ein. Zuviel für dein Camperherz? Nur ein paar Meter von der Zivilisation entfernt beginnt deine ganz persönliche Entschleunigungstour durch zerklüftete Granithaufen, vom Wind zerzauste und uralte Ginsterbüsche – auf engen Singletrails die wilde Küste entlang.

AUF EINEN BLICK

1,6 Mio.
Einwohner
[2,8 Mio. Schafe]

24000 km²
Fläche
[Korsika 8700 km²]

~ 2500
Sonnenstunden im Jahr
[Freiburg im Breisgau: ~1700]

Wärmster Monat
Juli
[Ø Höchsttemperatur: 30 °C, vollster Monat: August]

112
JAHRE WURDE TZIU MUNDICU. AUF SARDINIEN LEBEN 450 MENSCHEN ÜBER 100.

TEUERSTER CAMPINGPLATZ
Isola dei Gabbiani
[ca. 130 € für Premium-Stellplatz im August]

Längster Strand
15 km
Platamona

1230 km
KÜSTENLÄNGE
[ehemalige deutsch-deutsche Grenze: 1378 km]

84
CAMPINGPLÄTZE, KEINER AN DER COSTA SMERALDA

BESTENS BEWACHT

Die Insel galt schon bei den Römern als gefürchteter Verbannungsort. Das zieht sich bis in die heutige Zeit: Das italienische Alcatraz, die Gefängnisinsel Asinara, wurde erst 1998 geschlossen. Als Anfang der 1960er-Jahre mit dem Aga Khan der Luxustourismus an die Costa Smeralda kam, waren die bestens bewachten Resorts für lange Zeit isolierte Welten, die kaum etwas mit Sardinien zu tun hatten.

Als die Billigflieger kamen

Mit Aufkommen von Ryanair & Co. wurde Sardinien als Massenurlaubsziel entdeckt. Darauf richtete sich auch der Campertourismus ein: Es gibt immer mehr Miet-Womos auf der Insel, und Campingplätze setzen verstärkt auf Bungalows, Glampingzelte und klimatisierte Mobilheime. Nebeneffekt: Die durchschnittliche Verweildauer der Urlauber ist in den letzten Jahren stark gesunken, die Preise dafür gestiegen.

Steinerne Zeugen der Vergangenheit

Manche Berge auf Sardinien sind regelrecht ausgehöhlt: Die Ursarden haben vor etwa 5000 Jahren Grabkammern, manchmal ganze Totenstädte, wie in Villaperuccio oder Bonorva, erschaffen und selbst vor einem der heutigen Inselwahrzeichen, dem wie ein Elefant geformten Roccia dell'Elefante bei Castelsardo, nicht haltgemacht. Sie werden Domus de Janas („Feenhäuser") genannt. Etwas jünger, aber auch schon 3000–4000 Jahre alt sind die Nuraghen. Von diesen riesigen, kuppelförmigen Rundtürmen aus tonnenschweren Steinblöcken soll es immerhin 8000 auf der Insel geben! Die Nuraghier haben Quellen, Brunnen und andere Gewässer als heilige Orte verehrt. Perfekt erhalten ist der Brunnentempel Pozzo Sacro di Santa Cristina bei Abbasanta, den du fast im Vorbeifahren entdecken kannst – er hat eine eigene Autobahnabfahrt.

GEHEIMNISVOLL

Mehr als 7000 Türme aus der Neusteinzeit – hier die Nuraghe La Prisgiona – sind über die Insel verstreut.

Essen & Trinken

NUDELSCHNECKEN SCHMECKEN

Meist werden *malloreddus alla campidanese* mit einem Salsiccia-Sugo und Pecorino serviert.

Die echte sardische Küche ist eine ganz andere als diejenige auf dem italienischen Festland. Hirten, Bauern und Fischer haben ihre eigene Esskultur, auch wenn heute oft Spaghetti auf der Karte stehen. Typisch sardische Pasta sind Ricotta-Spinat-Ravioli und *culurgiones:* dicke Teigtaschen mit Kartoffelfüllung und Minze. Fast schon ein Pasta-Klassiker sind die *malloreddus:* kleine Pastaschnecken mit Salsiccia-Sugo *(alla campidanese),* Fischfans gehen auf *fregola* ab – geröstete Pastawürfelchen aus Hartweizen mit Venusmuscheln und geraspelten Meeräsche-rogen.

Unser täglich Brot gib uns heute ...

Brot ist noch vor den Nudeln das sardische Hauptnahrungsmittel. In den Hirtendörfern des Landesinneren, wo noch viele Familien selbst backen, gibt es das knusprige Fladenbrot, das die Sarden in seiner hauchdünnen, runden Form *pane carasau* nennen und in der etwas dickeren, rechteckigen Variante *pane pistoccu*. Steht auf jedem Restauranttisch zum Knabbern bereit! Zum *pane frattau* wird es in Brühe eingeweicht, mit Tomatensauce und Käse aufgeschichtet sowie mit einem pochierten Ei belegt. *Panada* heißen gefüllte Brotkuchen, die es in sich haben: Je nach Region werden sie mit Lamm, Rind- und Schweinefleisch, Erbsen und Kartoffeln, im Süden auch mit Aal gefüllt. Ein Laib kann ein ganzes Mittagessen ersetzen!

Die Sarden und ihr Wein

Sardischer Wein wurde lange überwiegend für den Massenmarkt produziert, der „Weine aus verschiedenen Ländern der EU" in Flaschen füllt. Das hat sich geändert, seit immer mehr Winzer auf Qualität setzen. Auf Sardinien gibt es fast so viele Weine wie Hügel, aber der Klassiker unter den Roten ist der kräftige Cannonau, der schon auf die Ureinwohner Sardiniens zurückgehen soll. Etwas sanfter schmeckt der frische Monica. Der beste Weißwein wird in der Gallura um Berchidda, Monti und Arzachena gemacht. Der Vermentino schmeckt am besten eisgekühlt zum Sonnenuntergang. Bekannte Weiße sind auch der helle Nuragus aus dem Campidano und der ausgewogene Verschnitt Isola dei Nuraghi. Im Restaurant werden oft offene Bauernweine als *vino della casa* angeboten, bei denen du nichts falsch machst. Offene Weine kannst du auch bei den Winzergenossenschaften tanken – jedes Weindorf hat seine *cantina sociale*.

WENN DER KÄSE FAST DAVONSPRINGT!

Der Pecorino ist die traditionelle Käsesorte aus Sardinien, die *fresco* nach zwei Monaten mild und essfertig ist. Nach sechs und mehr Monaten bekommt der *pecorino stagionato* eine strenge Würze. In der Kennervariante *casu marzu* sorgen Fliegenlarven für cremige Konsistenz und Schärfe und werden übrigens mitgegessen – wenn sie nicht vorher davonspringen. Nur unter der Hand zu bekommen!

Einkaufen im Hofladen

Supermärkte locken mit großen Parkplätzen und billigen Preisen. Doch richtig lecker schmeckt es vom Hofladen! Oft laden eine Flagge und ein verwittertes Schild am Straßenrand, zum Einkauf direkt beim Produzenten ein. Die Bestellung funktioniert meist mit Händen und Füßen, und spätestens nach dem zweiten Einkauf hast du neue sardische Freunde gefunden.

MENÜKARTE

Vorspeise

Pane guttiau
Sardisches Fladenbrot mit Salz und Olivenöl

Olive a scabecciu
Oliven, in Öl, Salz, Essig und Knoblauch eingelegt

Primi (erster Gang)

Fregola con arselle e bottarga
Hartweizengrießpasta mit Venusmuscheln und Meeräscherogen

Zuppa gallurese
Brotauflauf mit Schafsbrühe und geriebenem Schafskäse

Culurgiones
Teigtaschen mit Kartoffelfüllung, Minze und Tomatensauce

Secondi (zweiter Gang)

Porceddu
Am Spieß geröstetes Spanferkel mit knuspriger Kruste

Agnello con carciofi
Geschmortes Lamm mit Artischocken

Aragosta alla catalana
Hummer aus Alghero, serviert mit frischen Tomaten und Zwiebeln

Spigola alla Vernaccia con olive
Wolfsbarsch in Weißwein mit Oliven

Desserts

Se(b)adas con miele amaro
Frittierte, mit Käse gefüllte Teigtaschen, darauf bitterer Honig

Mazza frissa
Grießbrei mit frischer Sahne

Getränke

Mirto
Sardischer Myrtenlikör

Filu 'e ferru
Sardischer Tresterschnaps

CAPPUCCINO UND LATTE MACCHIATO – ABER BITTE NUR MORGENS!

Einen Cappuccino würde ein Sarde nie nach 11 Uhr vormittags bestellen, und eine Latte Macchiato zum Mittagessen ist ein No-Go. Die Schilder „Pizza a pranzo" (Pizza zum Mittagessen) deuten oft auf Tourifallen hin, gute Pizzerien öffnen in Italien meist abends. Rühmliche Ausnahme macht so manche Campingplatz-Pizzeria!

Nicht nur Ristorante

Wie auf dem Festland gibt es auch auf Sardinien drei unterschiedliche Arten von Restaurants: Im *ristorante* ist der Tisch schick eingedeckt. In der etwas einfacheren *trattoria* gibt es oft nur eine kleine Auswahl an Tagesgerichten. Eine Runde rustikaler sind *agriturismi*, Bauernhöfe, die meist ein *menu fisso*, also eine feste Speisefolge, anbieten. Nicht lange fragen, einfach auftischen lassen!

Grillen ist Männersache

Zu Festen und an Sonntagen finden oftmals große Bankette unter freiem Himmel statt. Dann zieht feiner Ferkel- und Lammduft durch die Wälder und über die großen Picknickplätze der Insel. Schon Stunden bevor es ans Essen geht, werden die Tiere rund um das Feuer auf den Spieß gesteckt. Über das Braten zu wachen, ist natürlich Männersache, und den letzten Kick gibt dem sardischen Spanferkel der schwere Cannonau-Rotwein, der zur Stärkung der Grillmeister während der stundenlangen Zubereitung dient. Wacholder-, Myrten- und Rosmarin–zweige in der Glut geben im Rauch von ihrem aromatischen Duft ab. Die eigentliche Würze sind jedoch die Kräuter, die das Tier beim Weiden gefressen hat. In den Sommermonaten ist mit offenem Feuer allerdings Vorsicht angesagt: Dann ist Grillen im Wald meist verboten, und auch auf dem Campingplatz solltest du dich dann an die ausgewiesenen Feuerstellen halten.

TÖRTCHEN

***Pardulas* mit Ricotta und Safran gibt es bei jedem guten sardischen Konditor zu kaufen.**

Trend- & Funsport

HIMMEL UND ERDE

Als einer der besten Wassersportspots der Welt gilt Isola dei Gabbiani.

Kitesurfen

Zum Kitesurfen ist Valledoria ideal, wo du schon ab Ostern auf dem Strandsee erste Steigdrachenerfahrungen machen kannst. In San Teodoro gibt es am La-Cinta-Strand eine spezielle Kiterampe, damit sich Wassersportler und Baderatten nicht in die Quere kommen. Ungestört davonkiten kannst du in Porto Botte und Punta Trettu im Südwesten der Insel. Am Stadtstrand Poetto vor den Toren Cagliaris sorgt die sardische Kiterszene selbst in den Wintermonaten für Hochbetrieb.

Tandem-Paragliden

Deinen Traum vom Fliegen kannst du in Littigheddu bei Castelsardo wahr werden lassen, denn dort steht Sardiniens beste Paraglidingrampe. Die optimale Thermik für das luftige Erlebnis herrscht nachmittags und am frühen Abend. Nach einer knappen halben „Flugstunde" landest du, wo der Wind dich hinträgt, irgendwo in der Coghinas-Ebene. Mehr Infos findest du unter *www.igrifoniparapendio.it* und buchen kannst du bei *sardinia4all.de*.

Schlauchbootfahren

Wenn du mehr als nur in der Badewanne Kapitän spielen möchtest, wird es höchste Zeit, mal einen *gommone* auszuleihen. Die kleinen Schlauchboote mit 40 PS kann man nämlich ohne Führerschein mieten! Der Verleiher gibt dir eine kurze Anweisung und empfiehlt dir je nach Wind geeignete Routen. Von der Küste muss immer 100 m, vor Stränden 300 m Abstand gehalten werden. Die besten Buchten zum selbst entdecken gibt's im Archipel von La Maddalena, aber auch rund um Carloforte und bei Villasimius lohnt sich ein Küstentrip. Am Golfo di Orosei hast du nur Spaß, wenn du über etwas Schlauchbooterfahrung verfügst, denn dort ist immer viel Verkehr auf See.

Mountainbiken

Wenn du auf Sardinien ausnahmsweise mal einen Radweg findest, endet er garantiert im Nichts. Die meisten Feldwege und Waldpisten sind aber mit MTBs gut passierbar. Langstreckenbiker zieht es in den Norden von Alghero oder auf den Sinis, die besten Schottertrails findest du in der Ogliastra und in den Bergen des Gennargentu. Die beste Mischung aus Berg- und Küstenstrecken bietet sich rund um Orosei, schön ist es in den Bergen südlich von Cagliari. Gute Bikes kannst du in allen größeren Ferienorten leihen und auf den Campingplatz liefern lassen. Die zerfurchten Feld- und Waldwege erfordern Orientierungsvermögen oder eine gute App wie z. B. Wikiloc.

SCHWEISSTREIBEND

Am Ende des anstrengenden MTB-Trails wartet die wunderbare Cala Luna.

Die besten Touren durch Sardinien

ZUM ANBETEN
Auf dem Monte Limbara bist du der Sonne am nächsten.

Alle Touren im Überblick

Quarzsand, Steilküsten, Steinburgen und süßer Wein
Seite 104

Mare Mediterraneo

Traumstände, bombastische Dünen, Eilande und Minendörfer
Seite 80

Mistralgeformte Bilderbuchstrände und Surferparadiese
Seite 126
Einsame Berge, Promiküste und Sardiniens Tor zur Welt
Seite 150
Porto-Vecchio
17
F
Gallura Cruising
E
Santa Teresa Gallura
19
Palau
Von Alghero bis Santa Teresa Gallura
20
A
Valledoria
16
18
Posthudorra/ Porto Torres
SS672
Terranoa/ Olbia
Tempio Pausania
Sòssu/Sorso
Von Olbia nach Cala Gonone
Torres
SASSARI
1
La Caletta
Otieri/Ozieri
Ìtiri Cannedu/Ittiri
Alghero
Thiniscole/ Siniscola
15
Nùgoro/ Nuoro
Orosei
3
Weiße Riesen und azurblaue Sandparadiese
Seite 22
D
Macumere/ Macomèr
2
4
14
Bosa
Dorgali und Cala Gonone
SS131
Von Piscinas nach Alghero
Santa Maria Navarrese
Sinishalbinsel und Is Arenas
5
13
Tortolì
Crabas/ Cabras
Lanusè/ Lanusei
6
Barì Sardo
Terraba/ Terralba
B
12
Barumini
Seddori/Sanluri
Piscinas
Von Cala Gonone bis Cagliari
Gùspini/Guspini
11
Biddacidru/ Villacidro
Portixxedu
Igrèsias/ Iglesias
Sestu
SS130
Costa Rei
7
SP2
Carbonia
8
Isola di Sant'Antioco und das Sulcis
10
CASTEDDU/ CAGLIARI
Santu Antiogu/ Sant'Antioco
Komplettprogramm für Sportfreaks, Strandläufer und Sonnenanbeter
Seite 50
9
Chia
C
Von Cagliari bis an die Costa Verde

OHNE ENDE SAND UND BABYBLAU

Der schneeweiße Strand von La Cinta ist eines der längsten Badeparadiese im Nordosten der Insel.

Wo die weißen Bergriesen auf Traumstrände treffen
Von Olbia nach Cala Gonone

Vom Urlauberhotspot und Strandparadies San Teodoro geht es zum camperfreundlichen Schlaraffenland für Baderatten von Siniscola und Orosei. Dann ab ins Inland entlang der Kalksteinberge von Monte Albo und mitten hinein in das Bergmassiv des Gennargentu. Dazwischen warten Tradition, Einsamkeit und ein paar Abstecher in die Urgeschichte Sardiniens auf dich. Als wäre das an Abwechslung nicht genug, gibt es am Ende der Tour das Wander- und Outdoor-Paradies Cala Gonone am weltberühmten Golf von Orosei zu entdecken.

Tour A im Überblick

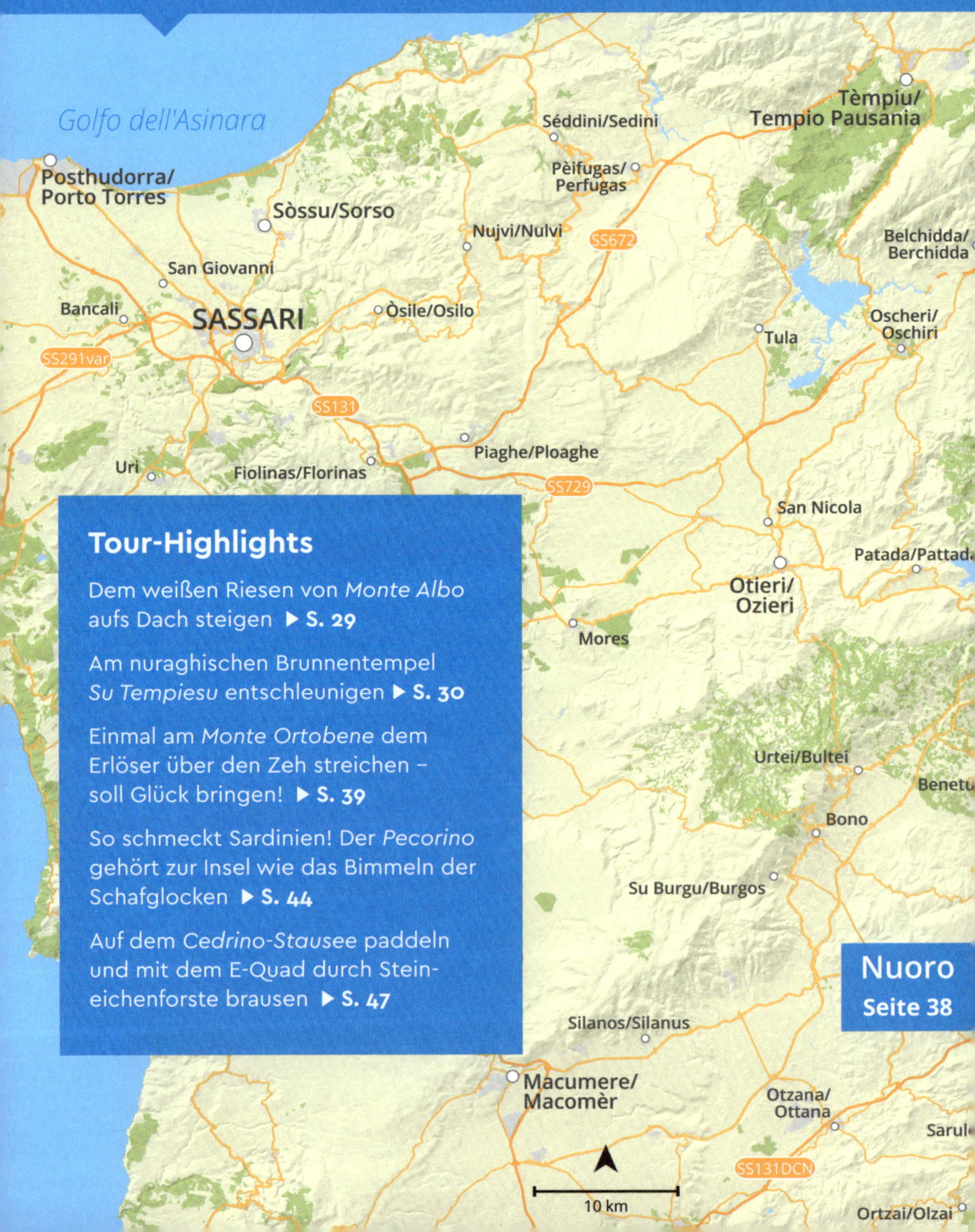

Tour-Highlights

Dem weißen Riesen von *Monte Albo* aufs Dach steigen ▶ **S. 29**

Am nuraghischen Brunnentempel *Su Tempiesu* entschleunigen ▶ **S. 30**

Einmal am *Monte Ortobene* dem Erlöser über den Zeh streichen – soll Glück bringen! ▶ **S. 39**

So schmeckt Sardinien! Der *Pecorino* gehört zur Insel wie das Bimmeln der Schafglocken ▶ **S. 44**

Auf dem *Cedrino-Stausee* paddeln und mit dem E-Quad durch Steineichenforste brausen ▶ **S. 47**

Sant'Antoni di Gaddura/
Sant'Antonio di Gallura
Figari/Golfo Aranci
Mar
Tirreno
Olbia
Seite 168
20
Telti
SS729
Capo Coda Cavallo
SS131DCN
Monte/Monti
San Teodoro
Padru
Budune/Budoni
Alà/
Alà dei Sardi
Siniscola und La Caletta
Seite 34
Posada
1
Uddusò/Buddusò
Monte Albo
Thiniscole/
Siniscola
Romanzesu
SS131DCN
Bitzi/
Bitti
Lùvula/
Lula
Fonte Sacra Su Tempiesu
Galtellì
Irgoli
Orune
Orosei
Seite 42
3
Serra Orrios
2
Golfo di Orosei
S389var
Cala Gonone
Ulìana/Oliena
Su Gologone
Dorgali und Cala Gonone
Seite 46
4
Mamujada/
Mamoiada
Orgòsolo/
Orgosolo
Parco nazionale del Golfo
di Orosei e del Gennargentu

Tourenverlauf

Start & Spot 20

Olbia

Tür und Tor Sardiniens ▶ **S. 168**

Optionaler Anschluss: Tour F

26 km Von Olbia Richtung Süden: Die kurvige Küstenhauptstraße SS125 über Murta Maria, Porto San Paolo (hier Abzweig zu Insel Tavolara) bis San Teodoro verbindet den Fähr- und Flughafen mit den wichtigen Urlaubsgebieten südlich von Olbia. Für dich als Camper sind die meisten Stichstraßen zum Meer leider tabu. Dein nächster Stopp ist **Capo Coda Cavallo,** mit tollem Blick zurück auf den weißen Riesen der Insel Tavolara. Dieser Abschnitt der SS125 kann je nach Verkehrslage superschön oder einfach nervig sein.

Insider-Tipp

Schnell am Stau vorbei

Du kannst zu Stoßzeiten auch die kaum befahrene Schnellstraße SS131 DCN von Olbia bis San Teodoro entlangbrausen (Abfahrt bei Uscita San Teodoro/Ottiolu/Capo Coda Cavallo).

Capo Coda Cavallo

Selten allein ist man auf der schmalen Strandparadieshalbinsel, deren Name soviel wie „Pferdeschwanz-Kap" bedeutet. Unüberbietbares Badehighlight ist die mehrere hundert Meter weit ins Meer nur millimeterweise abfallende Bucht von **Cala Brandinchi.** Wunderschön, aber oft vom Wind geplagt ist der lange Badeplatz von **Lu Impustu.** Beide Strände sind von demselben Parkplatz *(GPS 40.830955, 9.683213)* aus zu erreichen, der zur Hauptsaison leider für Womos gesperrt ist, zumindest Kastenwagen werden durchgelassen. Von Juni bis September musst du auf *www.santeodorospiagge.it* (kostenpflichtig) vorausbuchen. Deshalb am besten am **Campingplatz Calacavallo** *(Loc. Capo Coda Cavallo | San Teodoro | 30 Stellplätze | nicht im Voraus buchbar | Tel. +39 07 84 83 41 56 | campingcalacavallo.it)* zwischenstoppen, auf Fährräder umsatteln und die Traumbuchten parkgebührenfrei erobern!

13 km Zurück auf die Schnellstraße SS125 Richtung San Teodoro. Hier herrscht eigentlich immer Verkehr. Wenn du nicht direkt an den Badestrand von **La Cinta** willst, nimmst du am besten die zweite Ortszufahrt S.Teodoro/Carabinieri.

San Teodoro

In der Touristen- und Partyhochburg kannst du von Ende Juni bis Anfang September bis spät in die Nacht bummeln, Krimskrams und Leckereien shoppen oder Kunsthandwerkern beim nächtlichen Basteln zusehen. Für Partymäuse ist der **Campingplatz** an der Bucht von **Cala d'Ambra** die angezeigte Adresse *(Via Cala D'Ambra | San Teodoro | Tel. +39 784 86 56 50 | campingcaladambra.com)*. San Teodoro ist aber vor allem für seine traumhaften Buchten berühmt, zum Beispiel für den endloslang-schneeweißen Superstrand von **La Cinta** *(gebührenpflichtige Camperparkplätze, nachts geschl., GPS 40.784537, 9.668363 oder Camping San Teodoro La Cinta | Via del Tirreno, San Teodoro | Tel. +39 07 84 86 57 77 | campingsanteodoro.com)*.

P *Kostenlose und gebührenpflichtige Parkplätze in der Via Sardegna vor dem Eurospin-Supermarkt bei GPS 40.772949, 9.663874.*

29 km Südlich von San Teodoro im Ortsteil Budditogliu führt ein Feldweg in die Berge des Monte Nieddu und zu den **Pitrisconi-Wasserfällen.** Alles viel zu eng für Wohnmobile, deswegen schwingst du dich bei guter Kondition am besten aufs Mountainbike oder springst komfortabel auf einen Jeep auf, der dich bis auf den Wahnsinnsaussichtsturm von **Pala dei Monti** bringt. Anschließend gibt es ein Picknick an den Badegumpen des Rio Pitrisconi. Bei gutem Wasserstand kann Johanna

ICH WILL AUCH

In der Nebensaison dürfen am Badeplatz Lu Impustu auch Vierbeiner baden.

FÜR DIE RUHIGE KUGEL

Schattiges Strandvergnügen bietet der Pinienhain von Sant'Anna im Süden der Cala Budoni.

Beck (spricht deutsch) für dich sogar Canyoningtouren organsieren *(Tel. 345 24 60 618 | natura-viva.it | Abholung ab San Teodoro und Umgebung möglich | ab 50 € pro Person)*. Die kurvige SS125 verläuft bis Budoni weitgehend parallel zur vierspurigen Schnellstraße der SS131DCN. Wenn du eine Abkühlung im glasklaren Wasser nehmen möchtest, steure am südlichen Ortsende am besten **Baia di Budoni** an *(GPS 40.700636, 9.719429)*. Hier liegt auch der strandnahe Campingplatz von **Pedra e Cupa** *(Via Nazionale | Budoni | Tel. +39 33 83 71 62 93 | pedraecupa.com)*. Hinter Budoni nimmt der Verkehr auf der SS125 allmählich ab.

Insider-Tipp

Gemüse-Pitstop

Einen Zwischenstopp lohnt der **Hofladen L'Orto da Silvia** bei **Tanaunella**, *wo du Obst und Gemüse direkt beim Erzeuger kaufen kannst (SS 125, km 276 | tgl. 8–13 und im Sommer 16–20 Uhr | Tel. +39 34 89 14 83 13).*

In Posada biegst du nach links auf die SP24 Richtung La Caletta ab. Am Endlosstrand von Posada (Su Tiriarzu) vorbei ist dein nächstes Ziel das Hafenstädtchen La Caletta, dessen Strandparadies sich bis zu dem charmanten Fischerdorf von Santa Lucia zieht. Beide Ortschaften sind Teil der Gemeinde Siniscola.

Spot 1

Siniscola und La Caletta
Baden, Kiten und Wandern mit Blick auf den Bergriesen des Monte Albo ▶ **S. 34**

30 km Nach so viel Küste tut eine Bergetappe gut! Westlich von Siniscola steigt die Bergstraße SP3 auf den Monte Albo steil an. Die tollen Kurven an der Nordwestwand des beeindruckenden weißen Kalkmassivs teilst du dir mit so mancher Motorradgruppe.

Monte Albo

An der alten Forststation **Cantoniera Guzzurra** startet ein zweistündiger Auf- und Abstieg auf die einsame Hochebene des Punta Su Mutucrone. Danach hast du dir einen Antipastiteller mit Hauswein in der **Bar Locanda Ammentos** verdient *(Località Guzzurra | Tel. +39 34 96 35 18 71 | locandaammentos.com | Ostern–Ende September | nur mittags und nachmittags geöffnet | Parkplätze hinter dem Gebäude bei GPS 40.5417614, 9.6024651).*

35 km Nach diesem Haltepunkt steigt die Straße am Nordhang des Monte Albo gemächlich Richtung Lula ab. Weiter nach Bitti, einer der Pecorino-Hochburgen der Region.

Romanzesu

Einer der größten Wallfahrtsorte der Nuraghier liegt romantisch-schön in einem dichten Steineichenwald versteckt (von Bitti über die SS389). Die Wasserkultstätte ist einzigartig für die sardische Bronzezeit und zieht sich von der heute ausgetrockneten Quelle über 40 m lang bergab und endet in einem Becken mit Seitenrängen. In einem Tempel wurden über 130 Bernsteinketten entdeckt – der Rohstoff dazu stammt aus dem fernen Baltikum!

i *Im Winter 8.30–13 und 14.30–18 Uhr, Sommer 9–13 und 15–19 Uhr | 6 €, Kinder bis 9 J. Eintritt frei | Tel. +39 07 84 41 43 14 | romanzesu.sardegna.it | enge, auf beiden Seiten von Trockenmauern begrenzte, einspurige Zufahrtsstraße nach GPS 40.530593, 9.325583.*

25 km Fahre zunächst auf der SS389 zurück Richtung Bitti, dann weiter nach **Orune.** Hoch über dem Tal thront das Bergdorf im touristischen Abseits Sardiniens.

Fonte Sacra Su Tempiesu

Wenn du dich für Kraftplätze und Orte mit besonderer Magie interessierst, bist du hier richtig, aber auch wenn du dir in toller Natur die Beine vertreten willst. Der **nuraghische Brunnentempel Su Tempiesu** liegt knappe 5 km östlich von Orune. Schon der Spazierweg durch eine vielseitige Pflanzenwelt ist spannend, und am perfekt erhaltenen Brunnen im kann man sich bestens vorstellen, was die alten Nuraghier an diesem Ort so magisch fanden.

i *Località Sa Costa 'e Sa Binza-Orune | April–Sept. 9–19 Uhr, im Winter 9–17 Uhr | 4 € | sutempiesu.it | einspurige, an manchen Stellen nicht asphaltierte Zufahrt. Beschilderung Fonta Sacra Su Tempiesu, Parkplatz oberhalb des Forsthauses bei GPS 40.409167, 9.411056*

30 km Nächstes Nahziel ist Nuoro. Talwärts führt dich die SP51, die, in der Talsohle angekommen, auf die Schnellstraße SS131 trifft. Über selbige geht es schnell, oder durch die Schnellstraßenunterführung geradeaus schön über den kleinen Umweg der SP45 (Ausschilderung Nuoro Solitudine) in die Provinzhauptstadt Zentralsardiniens.

Spot 2 **Nuoro**
Die kleine Hauptstadt der archaischen Barbagia-Region ▶ **S. 38**

18 km Dein Roadtrip führt langsam wieder Richtung Küste zurück, von Nuoro an **Oliena** vorbei auf der gut ausgebauten Landstraße SP22/SP46 Richtung Dorgali. Bestens beschildert und kaum zu übersehen ist die Karstquelle Su Gologone.

Su Gologone

Zwischen Oliena, Orgosolo und Dorgali liegt die endlose Supramonte-Hochfläche, auf der sich eine ganze Menge Wasser ansammelt, die sich in Jahrmillionen ein kilometerlanges Netz an unterirdischen Flüssen in den Karst gebohrt hat. Hier tritt einer dieser Flüsse zutage und blubbert mit bis zu 300 Litern (pro Sekunde!) aus einem Felsspalt. Hier lässt es sich eine Weile aushalten: In einem schattig kühlen Eukalyptuswäldchen gibt es Picknickbänke, du kannst Kanus ausleihen und dir auf einem kleinen Panoramaweg die Beine vertreten. Lecker sind die selbst ge-

machten *panini caldi* der kleinen Snackbar. Sogar bis aus Nuoro kommt man zum sardischen Fast-Food-Schlemmen hierher!

i 2 €, Kinder 1 € | sorgentisugologone.it

P Am besten noch vor der Buswendekehre parken, hier kannst du auch mal länger stehen.

13 km Weiter geht's Richtung Osten durch unendliche Felder und Weingärten. Der süffige Cannonau-Wein gedeiht hier prächtig! Doch bevor dich die Tour in das Bergstädtchen Dorgali führt, machen wir noch einen großen Schlenker Richtung Galtelli und Orosei auf der SP38 (Ausschilderung Orosei/SS 129). Auf der rechten Seite liegt Serra Orrios.

Serra Orrios

Eine neusteinzeitliche Metropole lag hier auf der Hochebene von Gollei. Die Anlage mit über 70 Rundhütten ist teilweise überwuchert von Olivenbüschen, Mastixbäumen und Brombeerhecken. Sie ist sehr weitläufig, der leichte Spaziergang über das Gelände und durch die engen Gassen zwischen den bronzezeitlichen Wohn- und Wirtschaftsgebäuden ist auch für Kids ein spannender Ausflug in die sardische Vergangenheit.

ZUM KANUTEN GEBOREN?

Probier es aus an der Quelle von Su Gologone.

Tgl. 9–12 und 14–16, April–Juni, Sept. bis 17, Juli/Aug. bis 18 Uhr | 5 €, Kinder 6–12 J. 2,50 € | Tel. +39 33 88 34 16 18 | ghivine.com/serraorrios.htm

P *großer Parkplatz an der Snackbar*

14 km Weiter durch die Kulturlandschaft nördlich von Dorgali biegst du auf deiner Route nach rechts auf die SS129 ab. Gleich wieder rechts liegt **Agripaules,** ein herzlicher Bauernhof mit Stellplätzen. Letztere wirst du auch brauchen, wenn du den süffigen Rotwein aus eigenem Anbau gekostet hast. Und wenn du abends das leckere Spanferkel probieren möchtest, musst du allerdings in der Nebensaison vorbestellen *(Agriturismo Agripaules | Strada Statale 129, km 20 | Tel. +39 34 93 61 65 51 | agriturismodorgali.com | GPS 40.3494951,9.5355913)*. Nächster Halt ist Galtellì.

Galtellì

Zugegeben: Nicht alle Dörfer auf Sardinien haben mit ihren unverputzten bzw. in den unmöglichsten Farben gestrichenen Häuserfassaden das Zeug für einen Schönheitspreis. Anders in Galtellì: Die mittelalterlichen Häuser sind detailgetreu renoviert, und man kann in so manchen alten Hinterhof hineinspähen. Mächtig stolz ist man im ganzen Dorf darauf, dass in den engen, grob gepflasterten Gassen der weltberühmte Roman „Schilf im Wind" der sardischen Literaturnobelpreisträgerin Grazia Deledda spielt.

P *Genügend Platz fürs Gefährt findest du am Friedhof (Chiesa di San Pietro), der Ausschilderung „P Camper" folgen (GPS 40.386960, 9.618895).*

Monte Tuttavista
Wenn du dein Rad dabeihast, solltest du die enge Asphaltstraße bis zum Monte Tuttavista entlang hinaufstrampeln. Vom Fahrweg ist es dann noch eine Viertelstunde Kletterweg bis zum über 30 m hohen Felsbogen von Monte Tuttavista mit herrlichem Blick auf die Küste von Orosei.

Wenn du nach dem ersten Teilstück noch Kondition hast, dann strample einfach weiter: Auf der Spitze des Bergmassivs thront ein Gipfelkreuz, dessen Aussicht auf Orosei, Galtellì, das Cedrino-Tal und das Meer sich sehen lassen kann! Und von hier oben lohnt sich die serpentinenreiche Rückfahrt bergab erst so richtig!

12 km | Zurück auf die Hauptstraße. Nächster Stopp Orosei.

Spot 

Orosei
Badeparadies mit Mini-Buchten ▶ **S. 42**

32 km | Die Landstraße SS125 führt zunächst schnurgerade aus Orosei bergauf, dann in engen Kurven durch die Marmorsteinbrüche von Orosei. So bizarr der Anblick der tiefen, rechteckigen Gruben auch ist, für ein Anhalten und Staunen bietet die Straße leider keine Haltebucht! Alternativ kannst du auch über Osalla fahren – dort wartet unter Pinien der Stellplatz **Osalla Beach Garden** auf dich *(osalla-beach-garden.business.site)*. Vorbei an der Abfahrt zur Grotte von Ispinigoli führt dich die SS125 durch eine dichte Macchialandschaft bis nach Dorgali.

Ziel & Spot 

Dorgali und Cala Gonone
Sardiniens Outdoor-Hauptstadt am herrlichen Golf von Orosei ▶ **S. 46**

Optionaler Anschluss: Tour 

Spot 1

Siniscola und La Caletta

Baden, Kiten und Wandern mit Blick auf den Bergriesen des Monte Albo

Siniscola wäre einfach nur eine verschlafene Agrargemeinde am Fuß des wuchtigen weißen Riesengebirges des Monte Albo, wäre da nicht die Küste der tausend Gesichter: das einsame Berchida, die weißen Dünen von Capo Comino, das verschlafene Fischerdorf Santa Lucia, das quirlige Städtchen La Caletta und das mittelalterliche Posada mit seiner malerischen Trutzburg. Hier bist du als Camper auf den zahlreichen Stellplätzen am Meer genau richtig!

BERCHIDAS BUCHTENPARADE

Natur und Urlaubsvergnügen verbinden sich an den einsamen Stränden südlich von Siniscola auf das Schönste.

AKTIVITÄTEN & SIGHTSEEING

1 Die Saubohnenburg checken

Der **Burgberg von Posada** ist nicht nur wegen der Ruine des Castello della Fava (dt. Saubohnenburg) eine Reise wert. Vom viereckigen, 20 m hohen Turm ist die Schwemmebene des Rio Posada bis zu den von Schirmpinien gesäumten Badestränden zu überblicken. Zu Füßen der Burgruine liegt die mittelalterliche **Altstadt von Posada** mit einem malerischen Gewirr von schiefen Häusern, engen Torbögen und steilen Treppen.

Insider-Tipp

Clever parken in Posada

Das Centro Storico ist für Womos tabu. Parke am besten am Kinderspielplatz an der Via Circonvallazione Nord bei GPS 40.637481, 9.726587.

2 In die Einsamkeit spazieren

Südlich von Capo Comino wechseln sich kleine Sand- und Kieselbuchten, dichte Macchia und in die Landschaft gewürfelte Granitbrocken ab. Am Ende der gut einstündigen Trekkingtour auf Waldwegen wartet die herrliche Buchtenparade von **Berchida.** Grauweißer Sand, kristallklares Wasser, rot schimmernde Felsbrocken, hier und da schattiger Wacholder. ***Parken:*** *Am Leuchtturm von Capo Comino bei GPS 40.528559, 9.827177. Küstenstraße nur mit Abenteuerlust befahrbar, alternativ holprige Zufahrt von der Hauptstraße SS 125 bei GPS 40.500261, 9.781170*

3 Campen und Kiten

Wenn du dich mal am Lenkdrachen ausprobieren möchtest, ist **La Caletta** der ideale Spot. Am hellgrauen Sandband Mar'e Flumene ist selbst in der Hauptsaison wenig los. ***Infos:*** *Mojokite | Info Juni–Sept. am Camping La Mandragola | Anfängerkurs ab 420 € | Tel. +39 38 02 60 75 72 | lacalettakite.com*

4 Ganz in weiß – Dünen gucken

Capo Comino ist ein ruhiges Badeparadies mit dichten Pinien und einer breiten, schneeweißen Dünenlandschaft. Ein tolles Panorama bilden das glasklare Wasser, der puderweiße Sand, die sanften Hügel und am Horizont der kalkweiß strahlende **Monte Albo.** ***Parken:*** *großer Parkplatz bei GPS 40.537436, 9.799777*

ESSEN & TRINKEN

5 La Corona di Ichnos

Was braucht es mehr als ein paar Tische, Stühle und romantische Lampions, wenn das Ambiente durch einen herrlichen, schattigen Pinienhain komplettiert wird? Die Karte ist auch ganz einfach – *menu di terra* mit Nudeln und dünn geschnittenem Entrecôte mit Rucola und Parmesan oder *menu di mare* mit Polposalat und frischem Fisch vom Grill. Frühstücken oder lecker Eis geht hier auch. ***Infos:*** *tgl. 8–24 Uhr | Loc. Sa Petra Ruja | Tel. +39 338 8 22 84 39 | Facebook: La Corona di Ichnos* ***Parken:*** *bei GPS 40.583417, 9.764070 oder von den Campingplätzen von Santa Lucia über den Strand erreichbar*

6 Sa Corte Cucina Tipica Sarda

Santa Lucia – ein paar Häuser und Fischerhütten, das war's schon. Abends werden ein paar Stände und Buden aufgebaut, Kinder vergnügen sich in Hüpfburgen, die älteren Semester sitzen mit Plastikstühlen auf der Piazza und lauschen Konzerten auf der kleinen Bühne. Lecker sardisch essen kannst du im frisch renovierten, mit Malereien verzierten Innenhof von Sa Corte. Sommer- und Süditalienfeeling pur! ***Infos:*** *tgl. 12–23 Uhr | Piazza Jenne | Santa Lucia | Tel. +39 34 09 19 19 24 | sacorteristorazione.it*

7 Il Moletto

Die Dünen von Capo Comino bestens im Blick hast du vom Moletto aus! Dazu Austern und Sonnenuntergang – das ist Luxus pur zu fairen Preisen. ***Infos:*** *tgl. 9–22.30 Uhr | Via del Faro | Loc. Capo Comino | Tel. +39 328 7 77 43 11 | instagram: il_moletto_capo_comino*

8 Cucina Tipica Da Giovanna

Selbst gemachte Pasta gibt's etwas außerhalb von La Caletta, etwa Maccarones de Busa mit Muscheln und geriebener Bottarga. Der Brotauflauf Pane Frattau kommt mit Hackfleischsugo, und versuche zum Nachtisch mal den Limoncello aus der bitteren, lokalen Zitrusfrucht Pompia. ***Infos:*** *tgl. 19.30–22.30 Uhr | Via Bulgaria 12 | San Giovanni di Posada (La Caletta) | Tel. +39 07 84 81 04 51*

AUSGEHEN & FEIERN

9 Flanieren in La Caletta

Im kleinen Seebad von Siniscola wird es in den Abendstunden richtig nett: Dann öffnen Aperitivobars und Krimskramsläden, die Hauptstraße wird für den Verkehr gesperrt, und du kannst frische Meeresfrüchte in den Trattorien am Hafen genießen. ***Parken:*** *am Jacht-*

GUT ZUSAMMEN

An einem Seitenarm des Rio Posada tummeln sich Fische und Seevögel gleich neben dem Campingplatz Ermosa.

hafen (GPS 40.611462, 9.750376). Mit Ausnahme des Granirò Beach bei GPS 40.594893, 9.753770 auf allen Strandparkplätzen Höhenbeschränkungen für Camper

STELL- & CAMPINGPLÄTZE

10 Komfort unter Pinien

In Santa Lucia liegen zwei Campingplätze: der Kiter-Hotspot Mandragola und nebenan dieser familienfreundliche *campeggio* im Pinienhain. Der weiße Sandstrand ist nah, in fünf Minuten ist man zu Fuß zum *aperitivo* im Ort.

Selema Camping  

€€€ | Loc. Santa Lucia di Siniscola
Tel. +39 342 8 14 98 01 | selemacamping.com
GPS: 40.578883, 9.773095

▶ **Größe:** *7,5 ha, 250 Stell- und Zeltplätze, Camper- und Wohnwagenverleih*
▶ **Ausstattung:** *Strom, Bar mit Restaurant und Pizzeria, Swimmingpool, Spielplatz*

11 Toll für Schnorchelfans

Etwas außerhalb von Santa Lucia liegt dieser kleine, aber feine Platz. Er könnte wunderbar ruhig sein, hielte hier nicht auch der Sportclub Amfibietreks *(amfibietreks.de)* seine Gäste mit seinen Aktivitäten und All-inclusive-Angeboten auf Trab.

Villaggio Camping Calapineta

€€ | SS125 Km 250 | Siniscola (zwischen Santa Lucia und S'Ena Sa Chitta)
Tel. +39 0784 81 91 84 | calapineta.it
GPS: 40.569678, 9.785079

▶ **Größe:** *5 ha, 150 Stell- und Zeltplätze, Glampingzelte*
▶ **Ausstattung:** *Strom, Camperservice, Bar mit Restaurant und Pizzeria, Duschen und WC, Swimmingpool, Waschküche*

12 Praktisch bei Posada

Der Strand von Su Tiriatzu ist ein Naturparadies: Holzstege über den Seitenarm des Rio Posada und die Dünen, klares Wasser, gelber Sand. Mittendrin liegt dieser familiengeführte und blitzsaubere Platz.

Camping Ermosa 

€€ | Loc. Su Tiriarzu | Posada (18 km nördlich von Siniscola)
Tel. +39 0784 85 30 10 | campingermosa.com
GPS: 40.569678, 9.785079

▶ **Größe:** *2 ha, 140 Stell- und Zeltplätze, Bungalows*
▶ **Ausstattung:** *Strom, Service, Restaurant und Pizzeria, kostenlose Duschen und WC, Mini-Markt mit Kiosk, Wind- und Kitesurfschule nebenan*

Spot 2

Nuoro
Die kleine Hauptstadt der archaischen Barbagia-Region

Zwischen den Betonklötzen von Nuoro musst du die dörfliche, charmante Altstadt erst mal suchen. Die Kleinstadt ist der größte Ort in der Barbagia und für viele junge Bergsarden ein Fenster zur modernen Konsumwelt. Dich zieht es hier aber sicher in die Berge: Dort findest du das ursprüngliche Sardinien! Uralte Tradition wird hier weitab vom Touristentrubel noch alltäglich gelebt.

P *Parkmöglichkeit am Anfiteatro (Via Simone Weil | Nuoro | GPS 40.314371, 9.327979).*

TRUBELFREI

In den Bergen der Barbagia wandert man abseits der Touristenrouten.

AKTIVITÄTEN & SIGHTSEEING

1 Erlösende Aussicht am Monte Ortobene genießen

Eine kurvenreiche Rundstraße mit Blick auf die Berge des Supramonte und Gennargentu führt dich auf den 955 m hohen Hausberg von Nuoro, auf dem eine **Bronzestatue des Erlösers** thront. Nicht vergessen, einmal dem *redentore* über den großen Zeh zu streichen – das soll schließlich Glück bringen!

Insider-Tipp
Beschützt picknicken
Im Schatten von Bäumen und Granitbastionen zu picknicken, das ist schon dein erstes Stück vom kleinen Glück (GPS: 40.322051, 9.368887).

2 Schwitzen statt Skifahren

Fonni ist das höchstgelegene Dorf der Insel und für Exkursionen ins Gennargentumassiv eine gute Basis. Von der Höhenstraße nach Desulo zweigt eine Stichstraße zum Monte Spada (1595 m) ab, die an einem Skilift endet. Die Talstation ist nagelneu, zum Betrieb fehlt aber das Geld. Bleibt nur der schweißtreibende Aufstieg zu Fuß: Von hier aus führt ein Wanderweg bis zu Sardiniens höchstem Berg, der Punta La Marmora *(hin und zurück ca. fünf Stunden)*.

3 Masken und Mamoiada

Im Winter kann es hier in den Bergen ziemlich kalt werden, deswegen muss man feiern: Bekannt ist das abgeschieden gelegene Hirten- und Bauerndorf durch seinen düsteren Karneval: Seit Urzeiten treiben die *mamuthones*, mit Fellen und zentnerschwerem Geläut behängte, hinter gruselig verzerrten schwarzen Masken verborgene Wesen, ihr Unwesen. Mehr über diesen uralten Kult erfährst du im kleinen, sehr interessanten **Museo delle Maschere** *(Piazza Europa 15 | Mamoiada | tgl. 10–13 und 15–18 Uhr | Erw. 5 €, Kinder 3 € | museomaschere.it)* oder bei einem der letzten Maskenschnitzer der Insel, **Ruggero Mameli** *(Via Crisponi 19 | Mamoida | mascheremameli.blogspot.com/)*.

REGENTAG – UND NUN?

4 Große Kunst in der Kleinstadt

Das kleine Provinzmuseum **Museo d'arte della Provincia di Nuoro** überrascht mit gut kuratierten zeitgenössischen Wechselausstellungen *(Di–So 10–19 Uhr | 5 €, 18–25 J. 3 €, 1. So im Monat gratis | Via Sebastiano Satta 27 | Nuoro | museoman.it)*. Weltberühmt hat Grazia Deledda ihre Heimatstadt Nuoro gemacht: Ihre Schilderungen des harten sardischen Lebens brachten ihr als erster italienischer Frau 1926 den Literaturnobelpreis ein. Ihr Geburtshaus vermittelt Einblicke in Leben und Wohnen um 1900 *(Di–So 10–13 und 15–19, Mitte März–Sept. bis 20 Uhr | Erw. 5 €, Kinder bis 18 J. 3 € | Via Grazia Deledda 42 | Nuoro)*.

5 Blutrache, Banditen und Rebellion in Orgosolo

Sardiniens wohl bekanntestes Dorf ist ein Murales-Freilichtmuseum. Die Wandmalereien auf den Häuserfassaden drücken klar aus, was die Orgolesi beschäftigt: Arbeitslosigkeit und Auswanderung, die soziale Lage der Hirten, die Diskriminierung der Sarden im eigenen Land.

ESSEN & TRINKEN

6 Agriturismo Costiolu

Barbagia pur! Das Gehöft liegt 10 km von Nuoro an der Straße nach Bitti inmitten einsamer Natur. Lerne den authentischen Geschmack der Barbagia kennen (auch Kochkurse!). Fast alle Zutaten kommen aus eigener Herstellung, können auch gekauft werden. Etwa 10 Stellplätze für Zelte und Womos. ***Infos:*** *SS389, km 90 | Tel. +39 33 35 63 07 40 | €€*

7 Ristorantino Masiloghi

Bergküche mit Chic in Oliena: Für ein gehobenes Mittagessen einer nicht abgehobenen Küche ist dieses kleine, aber feine Restaurant einen Zwischenstopp wert. ***Infos:*** *tgl. 12–16.30 und 19–23 Uhr | Via Galiani 68 | Oliena (aus Richtung Nuoro kommend zweite Zufahrt nach Oliena) | Tel. +39 0784 28 62 96 | masiloghi.it | €€€*

8 Sa Rosada

Gastgeber Augusto versteht es, alles so zu gestalten, dass seine Gäste sich hier wie zu Hause fühlen. Gemütlicher, rustikaler Gastraum im Souterrain. Im Sommer kannst du im lauschigen Innenhof speisen. Gekocht wird natürlich Barbagia-typisch rustikal, verwendet werden bevorzugt lokale Produkte. ***Infos:*** *tgl. geöffnet | Piazza Europa 2 | Mamoiada | Tel. +39 0784 5 67 13 | locandasarosada.it | €*

POLITIK IN BILDERN

Einst nach lateinamerikanischem Vorbild als Protest gemalt, sind Orgosolos Murales längst ein Begriff.

EINKAUFEN

9 Cantina Giuseppe Sedilesu

Schon die Ureinwohner Sardiniens sollen diese Rebsorte angebaut haben: Zumindest ist der kräftige Cannonau heute der Klassiker der sardischen Roten. In der Cantina kannst du einen der preisgekrönten Tropfen kaufen: Eine Flasche „Mamuthone" macht als Mitbringsel garantiert *bella figura*. ***Infos:*** *Via Vittorio Emanuele II 64 | Mamoiada | giuseppesedilesu.com*

STELL- & CAMPINGPLÄTZE

10 Kurven, kraxeln, schlemmen

Die Zufahrt ist eng, kurvig, einspurig – und einmalig: Hinauf auf den Monte Maccione führt eine abenteuerliche Serpentinenstraße. Im Hof des kleinen Hotels kannst du gegen eine kleine Gebühr parken. Wenn du das reichliche Abendessen genießen willst und am nächsten Tag gleich noch das Frühstück, kannst du Halbpension buchen. Und wandern: Zum Aussichtspunkt Scala'e Pradu sind es etwa 30 Minuten und 300 Höhenmeter, die Tagestour auf den Höhenzug des Punta Corrasi dauert fünf Stunden.

S'Enis

€ | Località Monte Maccione | Oliena (14 km südöstlich von Nuoro)
Tel. +39 07 84 28 83 63 | coopenis.it
GPS: 40.264021458621, 9.4178366661071

- **Größe:** *0,5 ha, 10 Stellplätze und weitere Stellplätze vor der Hoteleinfahrt*
- **Ausstattung:** *Restaurant, Toiletten, keine Ver- und Entsorgung*

11 Wo sich Schäfer und Schaf Gute Nacht sagen

Mittagessen mit sardischen Hirten – das klingt schwer nach Touristenfalle? Hier nicht – das Supramonte ist einer der wenigen Campingplätze in Zentralsardinien überhaupt und dazu noch richtig authentisch. Abschüssiges Gelände, beim Platzaufbau ist also Kreativität gefragt!

Camping Supramonte

€ | Località Sarthu Thitthu | Orgosolo (35 km südlich von Nuoro)
Tel. +39 0784 40 10 15 | supramonte.it
GPS: 40.192028, 9.349139

- **Größe:** *0,1 ha, ca. 10 Stellplätze*
- **Ausstattung:** *Strom, Camperservice, Duschen und WC, Restaurant*

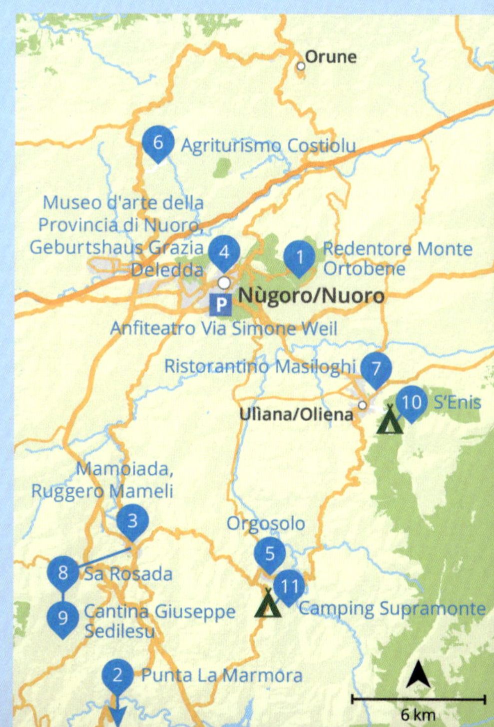

Spot 3

Orosei
Badeparadies mit Mini-Buchten

In Orosei kann man es eine Weile aushalten: Das schöne Städtchen inmitten der Obst- und Gemüsegärten rund um die Cedrino-Mündung hat Kultur und Charme zu bieten. Rings um die Feriensiedlungen Cala Liberotto und Sos Alinos wechseln pinienbestandene, kleine, weiße, seichte und kinderfreundliche Sandbuchten mit Klippen ab. Wenn du dich nicht zwischen Bergen und Meer entscheiden kannst, bist du hier richtig, denn hier kannst du an einem einzigen Tag wandern, klettern, Boot fahren und baden.

P *Die Brücken und Zufahrten um Orosei sind schon eng genug deswegen besser außerorts parken, zum Beispiel in der Via Ligura bei GPS 40.376600, 9.699132.*

MÄCHTIG UND MITTELALTERLICH …

… präsentiert sich das Küstenstädtchen Orosei.

AKTIVITÄTEN & SIGHTSEEING

1 Piazza und Palazzi, Kirchen und Kerker entdecken

Die hohen Fassaden der Kirchen über den krummen, verwinkelten Gassen beherrschen das Ortsbild von **Orosei.** Alles ist recht übersichtlich, lasse dich einfach treiben und entdecke die Kirchen und Kapellen, alten Palazzi, die Mauern des mittelalterlichen Schlosses sowie den pisanischen Wach- und Gefängnisturm.

2 Es klappert die Mühle ...

Ein schönes Ausflugsziel für Familien mit Kindern ist das weitläufige Freilicht- und Heimatmuseum **S'Abba Frisca** mit seinen Wasserfällen, Teichen und Brunnen. Es erstreckt sich um eine romantische alte Mühle samt Museumsschmiede, historischen Werkstätten, Mini-Zoo für die Kids und Schildkrötenstation. ***Infos:*** *April/Mai/Okt. geführte Touren um tgl. 11, 12, 15 und 16 Uhr, Juni–Sept. tgl. 10–18 Uhr | 13 €, Kinder bis 12 Jahre 7 € | an der Straße von Ispinigoli nach Cala Gonone | sabbafrisca.com*

3 Per Pedes ins Paradies

Nördlich von Orosei liegt das atemraubend schöne Schutzgebiet **Parco Oasi di Biderosa** mit fünf bilderbuchschönen Badebuchten. Traumblick vom Aussichtspunkt Monte Urcato. ***Infos:*** *Zugang nur für 140 Autos und 30 Motorräder am Tag, Womos müssen vor dem Parkeingang stehenbleiben | Parkplätze und Sonnenschirme unter oasibiderosa.it/pagina/ticket vorbuchen*

Insider-Tipp

Zu Fuß geht immer!

Fußgänger und Radfahrer kommen ohne Zugangsbeschränkung zu den Traumbuchten.

4 Von Strand zu Strand radeln

Orosei ist Sardiniens MTB-Paradies: Ein kaum befahrenes Wegenetz führt zu den Stränden von **Cala Liberotto,** die für Womos schwer erreichbar sind. Im Pinienhain **Su Barone** kannst du am Endlosstrand Marina di Orosei entlangstrampeln. Oroseinbike *(Tel. +39 370 1 32 50 02 | oroseinbike.it)* bietet geführte MTB-Touren auch auf Deutsch an, Let's Bike verleiht in Sos Alinos auch E-Moun-

REGENTAG – UND NUN?

5 Trockenen Fußes in die Rekord-Tropfsteinhöhle

Mal von oben in eine Höhle hineinzusteigen, ist etwas ganz Besonderes, gerade wenn es draußen regnet, denn **Ispinigoli** ist eine fossile Grotte, in der kein Wasser mehr fließt. Auf Gittertreppen geht man ganz nah an einem der höchsten Stalagmiten Europas (38 m) vorbei in eine Zauberwelt aus Tropfsteingalerien. Das Restaurant neben der Grotte ist übrigens super und keine Touristenfalle! ***Infos:*** *Führungen stündl., April/Mai/Okt. tgl. 10–12 und 15–17 Uhr, Juni 11–12 und 15–16 Uhr, Aug./Sept. 10–13 und 14–18, Juli 10–18 Uhr | 8 €, Kinder 4 €*

tainbikes *(Tel. +39 33 16 20 23 73 | lets bikesardinia.com)*.

ESSEN & TRINKEN

6 Trattoria Moderna da Pupo

Bei Pupo ist das Interior modern-shabby, die Fisch-Speisenkarte übersichtlich und das Personal supernett. Unbedingt probieren: eine großzügige Fregola-Pasta mit Meeresfrüchten. ***Infos:*** *tgl. 12–14.30 und 19–23 Uhr, Mi mittags geschl. | Via Nazionale 80 | Orosei | Tel. +39 320 8 90 44 17 | trattoriamodernadapupo.business.site | €€*

7 Belohorizonte

Wunderbare Meeresküche und dazu einen herrlichen Blick über die Stadt. Traumkulisse bei Sonnenuntergang! Da es hier oben nur enge Zufahrten und kaum Parkplätze gibt, besser unten vorm Ort parken. ***Infos:*** *tgl. 19–23 Uhr | Via Giuseppe Dessi 27 | Orosei | Tel. +39 07 84 99 11 22 | Facebook: riisto.belo horizonte | €€*

8 Agriturismo Sos Ozastros

Hoch über Cala Liberotto thront dieser Agriturismo mit herrlichem Blick auf die Küste. Zu essen gibt es reichlich, gegessen wird, was auf den Tisch kommt, und das Spanferkel mit knuspriger Kruste darf natürlich nicht fehlen! ***Infos:*** *Di–So ab 19 Uhr | Località Sos Alinos | Orosei | Tel. +39 32 99 64 94 02 | €€*

EINKAUFEN

9 Società Cooperativa La Rinascita

Bio-Pecorino in allen Reifegraden gibt es bei der Käserei Rinascita aus Onifai, die praktischerweise auch in Orosei und

NACHHALTIG CAMPEN

Porto Sos Alinos bietet ein Ambiente, das ihn von allen anderen Campingplätzen Sardiniens unterscheidet.

Cala Liberotto Verkaufsstellen hat. Käse-Flaggschiff ist der Su Barone (Pecorino Romano). Aber auch der Ziegenkäse Caprino und der Ricotta sind einfach lecker! ***Infos:*** *Via Tirreno 13, Cala Liberotto und Via Sebastiano Chisu 32 | Orosei | formaggilarinascita.com*

STELL- & CAMPINGPLÄTZE

10 Rundum-Sorglos-Paradies

Eine tolle Mischung aus Cluburlaub und Camping bietet dieser Campeggio an der wunderschönen, superseichten und kinderfreundlichen Sandbucht von Cala Ginepro. Wer Einsamkeit sucht, ist hier freilich auf dem falschen Platz.

Camping Cala Ginepro ☺

€€€ | Viale Cala Ginepro 100 | Orosei
Tel. +39 0784 9 10 17 | campingcalaginepro.net
GPS: 40.44588, 9.792145

- **Größe:** *12 ha, 400 Stellplätze, Mobilheime*
- **Ausstattung:** *Strandservice, Animation, Spielplatz, Supermarkt und Zeitschriftenladen, Bar, Restaurant, Pizzeria, Wassersportgeräteverleih, WLAN*

11 Kleiner Platz, kleine Bucht

Kleiner, terrassierter Platz mit toller Sandbucht vor der Haustür. Schnorchelsachen nicht vergessen! Das Restaurant lockt auch Nicht-Campinggäste.

Sa Prama 🐾☺

€€ | Loc. Cala Liberotto | Orosei
Tel. +39 0784 9 10 72 | campingsaprama.com
GPS: 40.439744, 9.781244

- **Größe:** *2 ha, 90 Stellplätze*
- **Ausstattung:** *Camperservice, Bar, Restaurant, Supermarkt*

12 Nachhaltig aus Tradition

Schon in den 1970er-Jahren, als „Öko" noch ein Fremdwort war, campte man hier nachhaltig, heute mit Massagezelt und Yogastunden. Auf dem Platz bilden schattige, niedrige Bäume eine spannende Parksituation für Womos. Strandnah am Sos-Alinos-Fluss gelegen.

Porto Sos Alinos

€ | SS125 km 234,5 | Orosei
Tel. +39 0784 9 10 44 | portososalinos.it
GPS: 40.429942, 9.774569

- **Größe:** *2 ha, 110 Stellplätze*
- **Ausstattung:** *Camperservice, Bar, Pizzeria*

Spot 4

Dorgali und Cala Gonone
Sardiniens Outdoor-Hauptstadt am herrlichen Golf von Orosei

Früher lag Dorgali vor Sarazenenübergriffen geschützt hinter dem Bergkamm des Monte Irveri, heute führen durch genau diesen Schutzwall ein Tunnel und zahlreichen Kurven nach Cala Gonone, das Seebad von Dorgali direkt am Meer. Hier reiht sich ein Hotel an das andere, und das einst mittellose Fischerdorf ist zu Sardiniens Outdoor-Hauptstadt geworden, dessen touristische Infrastruktur kaum Wünsche offenlässt.

P *In Dorgali bloß nicht mit dem Womo verheddern! Parkplätze gibt es an der oberen Umgehungsstraße Viale E. Fermi bei GPS 40.286332, 9.592377, von dort sind es 10 Minuten zu Fuß ins Zentrum.*

PADDELPLUS

Auch per Kanu, Kajak oder Kanadier kannst du dir den Golf von Orosei erschließen.

AKTIVITÄTEN & SIGHTSEEING

1 Wandern nach Cala Luna

Die Küstenwanderung an den Traumstrand führt dich durch spektakuläre Schluchten und Täler, entlang einer reizvollen Küstenlandschaft auf alten Hirtenpfaden, durch schattige Wacholderwälder und über Hochplateaus. Dein Ziel: die herrliche Cala Luna mit feinen, elfenbeinweißen Kieseln und steilen, von Wind und Wetter geschliffenen Felswänden, in die Mutter Natur gleich sechs beeindruckende Karsthöhlen fast 30 m tief in den Fels gebuddelt hat. ***Infos:*** *Bootsshuttle pro Person ab. 20 € | Los geht's am Parkplatz von Sos Dorroles 3 km auf der Küstenstrecke nach Cala Fuile entlang; zurück nach Cala Gonone von Ostern bis Oktober auch mit dem Bootsshuttle | calagononecrociere.it*

2 Hoch- und Runter-Trekking zu Sardiniens Supercanyon

In knappen anderthalb Stunden kannst du vom Silana-Pass in die anderthalb Kilometer lange Schlucht **Su Gorroppu** absteigen. Ein kleiner, unscheinbarer Bach hat sich hier in Jahrtausenden bis zu 400 m tief in den Supramonte gefräst und riesengroße Steinkugeln hinterlassen, die den Weg in das Tal versperren. ***Infos:*** *5 €, Kinder 3,50 € | gorropu.info | Parkplätze und Bar am Straßenwärterhaus Genna Silana bei GPS 40.159267, 9.507533. Eintritt am Eingang des Canyons. Stellplatz mit Strom, Duschen und Toiletten weiter Richtung Baunei bei GPS 40.152982, 9.511337 | campingsilana.com*

3 Einen Tag im Natur- und Erlebnispark verbringen

Hoch über dem **Cedrino-Stausee** zwischen Orosei und Dorgali liegt der Agriturismo-Hof **Neulè** von Giampiero, der Kanus für den Stausee verleiht und eigene Pferde hat. Hier kannst du rustikale sardische Bauernküche genießen, für die vieles aus eigenem Anbau stammt! Und-Stellplätze zum Übernachten gibt's auch! ***Infos:*** *Località Neulè | Tel. +39 380 7 28 38 87 | agriturismoneule.com*

Insider-Tipp

Pranzo statt Paddeln

Du bist nicht ganz so sportlich? Dann nimm an einer Bootsexkursion auf dem Cedrino-Stausee inklusive Mittagessen (pranzo a bordo) teil.

REGENTAG – UND NUN?

4 Unterwasser-Öko-Systeme im Miniaturformat

Wenn's draußen regnet, kannst du dir das kühle Nass im **Acquario di Cala Gonone** anschauen. 25 Becken, 300 Unterwassertiere von inselheimischer Fauna bis hin zu Exoten wie Piranhas und Tropenfischen, aber auch eine Schildkröten-Pflegestation und ein Streichelzoo mit Katzenhaien und Rochen gibt's hier! ***Infos:*** *Mi–Mo 10–17 Uhr | 14 €, Kinder bis 12 Jahre 8 € | Via La Favorita | Cala Gonone | acquariocalagonone.it*

5 Am Tor zum Jenseits stehen

Das **Tomba dei Giganti S'Ena 'e Thomes** genannte neusteinzeitliche Kultgrab liegt idyllisch inmitten von Schafweiden. Die windschiefe Eingangsstele, die das Tor zum Jenseits symbolisieren soll, ist perfekt erhalten! ***Parken:*** *an der SP38 Richtung Schnellstraße gelegen, Parkplatz bei GPS 40.375816, 9.513260*

ESSEN & TRINKEN

6 Wikipizza

Lange fristete das Hirten- und Bauernstädtchen Dorgali ein Schattendasein hinter seinem Seebad Cala Gonone, was sich mit der neuen Kneipenszene um den Corso Umberto I geändert hat. Bester Ausgangspunkt ist Vittorios Wikipizza mit ausschließlich sardischen Zutaten! ***Infos:*** *Via La Marmora 87 | Dorgali | Tel. +39 34 90 74 24 13 | wikipizzadavittorio.it | €* ***Parken:*** *Bloß nicht mit dem Womo in den Ort! Parkplätze gibt es an der oberen Umgehungsstraße Viale E. Fermi bei GPS 40.286332, 9.592377, von dort 10 Min. zu Fuß ins Zentrum.*

7 Gelateria Fancello

Achtung, Eisliebhaber: Diese Sorten machen süchtig, zum Beispiel *Yoghurt del Gennargentu* mit Honig, Haselnüssen und Schoko! ***Infos:*** *tgl. | Lungomare Palmasera 26 | Cala Gonone | Tel. +39 37 91 02 82 69*

8 Ristorante Costa Dorada

Das Restaurant des gleichnamigen Hotelklassikers am Ende an der Strandpromenade von Cala Gonone ist eine kulinarische Topadresse. Im Sommer wird auf der weinumrankten, lauschigen Restaurantterrasse mit Meerblick serviert! ***Infos:*** *Lungomare Palmasera 45 | Cala Gonone | Tel. +39 0784 9 33 32*

9 Esca Dolciaria

Zwar sind sie auf der ganzen Insel zu kaufen, aber so frisch bekommst du die Bisquits, die mit Mandeln und Honig ge-

GUT BESCHIRMT

Auf dem Sardinia Camping Cala Gonone stehst du herrlich unter alten Pinien.

füllten Tiliccas oder die kandierten, hauchdünnen Orangenschalenfilets Aranzada nur hier! ***Infos:*** *Mo–Sa 8–13 und 15.30–19.30 Uhr, Mai–Sept. auch So 8–13 Uhr | Viale J.F. Kennedy | Dorgali | Tel. +39 0784 9 44 72 | escadolciaria.it*

STELL- & CAMPINGPLÄTZE

10 Der Praktische

Dieser Komfortstellplatz zehn Minuten von Hafen und Strand bietet schattige Parkplätze in drei Größen, schöne Picknickecken und frisch renovierte Sanitäranlagen. Auch Bootstouren kannst du direkt vor Ort buchen.

Camping Car Palmasera 

€€ | Viale Bue Marino | Cala Gonone
Tel. +39 3 36 81 81 11
campingcarpalmasera.com
GPS: 40.279736, 9.629187

▶ **Größe:** *1,5 ha, 100 Stellplätze, Bed and Breakfast, Bungalows und Roulottes*
▶ **Ausstattung:** *Camperservice, Bar, Pizzeria und Trattoria, Duschen, WC und Waschküche, WLAN, Strandshuttle*

11 Der Komfortable

Unter den dichten Pinien lässt es sich gut und gerne länger aushalten. Dann aber am besten auf einem Stellplatz fern der Hauptstraße!

Sardinia Camping Cala Gonone ☺

€ | Via Collodi 1 | Cala Gonone
Tel. +39 0784 9 34 76
calagononecamping.com
GPS: 40.284957, 9.633435

▶ **Größe:** *4 ha, 300 Stell- und Zeltplätze, 25 Bungalows*
▶ **Ausstattung:** *Camperservice, Bar, Pizzeria und Trattoria, Duschen, WC und Waschküche, WLAN, Swimmingpool, Tennis- und Kleinfußballfeld*

12 Der Aussichtsreiche

Welch Küstenblick hier oben über der Bucht von Cala Fuile, wenn die Sonne frühmorgens im Camperkino aufgeht! Am Abend davor auf keinen Fall das Agriturismo-Menü auf dem Hof verpassen! Franco und Lucia können euch auch die besten Wandertipps geben.

Codula Fuili Agricampeggio 

€ | Loc. Pranos, Cala Gonone | Tel. +39 328 7 34 08 63 | WhatsApp: +39 34 02 54 62 08 codulafuili.com | GPS: 40.260337, 9.617565

▶ **Größe:** *0,1 ha, ca. 20 Stell- und Zeltplätze*
▶ **Ausstattung:** *Duschen, WC und Waschküche, WLAN am Hauptgebäude*

FILMREIFE NATURBÜHNE
Für die Filmkomödie „Swept Away“ kam selbst Popstar Madonna in die Traumbucht Cala Luna.

Die abwechslungsreiche Ostküste **Von Cala Gonone bis Cagliari**

Die Ostküstentour bietet Abwechslung pur: Wilde Kurven ziehen sich durch die Outdoor-Berge des Supramonte, die hier bis ans Meer reichen. Im Südosten erwarten dich lockere Cruisingstrecken und die Strände der Ogliastra mit Endlos-Einsamkeitsgarantie. Deinen Sardiniensommer kannst du an den Traumbuchten von Costa Rei und Villasimius immer ein wenig länger genießen als auf dem Rest der Insel. Zum guten Schluss erwartet dich die liebens- und erlebenswerte Inselmetropole Cagliari.

Tour B im Überblick

Tour-Highlights

Zwischen wilden Schweinen und freilaufenden Eseln über die *Golgo-Hochebene* spazieren ▶ S. 54

Unter den schattigen Pinien von *Girasole* mit Meerblick picknicken ▶ S. 56

Frischen Fisch ohne Ende bei den Fischern von *Tortolì* genießen ▶ S. 63

Sich bei *Coccorocci* vom Natursound von Sardiniens längster Kieselbucht in Trance versetzen lassen ▶ S. 67

Die schönsten Buchten des *Golfo di Orosei* mit dem Boot erkunden ▶ S. 71

Insel-Großstadtfeeling in Sardiniens Metropole *Cagliari* genießen ▶ S. 74

Dorgali und Cala Gonone
Seite 46
Su Golgo di Baunei
Santa Maria Navarrese
Seite 62
Barì Sardo
Seite 66
Marina di Tertenia
Spiaggia di Murtas
Porto Corallo
Costa Rei
Seite 70
Cala Pira
Villasimius
Parco nazionale del Golfo di Orosei e del Gennargentu
Golfo di Orosei
Mar Tirreno
Golfo di Cagliari
Monti dei Sette Fratelli
Nùgoro/Nuoro
Uliana/Oliena
Mamujada/Mamoiada
Orgòsolo/Orgosolo
Otzana/Ottana
Gavoi
Fonni/'Onne
Tonara
Meana/Meana Sardo
Tortolì
Arbatassa/Arbatax
Lanusè/Lanusei
Làconi/Laconi
Jersu/Jerzu
Ìsili/Isili
Arrolli/Orroli
Mandas
Foghesu/Perdasdefogu
Seurgus Donigala/Siurgus Donigala
Guasila
Senorbì
Biddeputzi/Villaputzu
Murera/Muravera
Ùssana/Ussana
Patiolla/Dolianova
Sìnnia/Sinnai
Sestu
Maracalagonis
SS131DCN
SS389var
SS125var
SS131
SS554
10 km

B Tourenverlauf

Start & Spot 4

Dorgali und Cala Gonone
Am herrlichen Golf von Orosei ▶ **S. 46**

Optionaler Anschluss: Tour A

60 km Die endlose Kurvenorgie „Orientale Sarda" SS125 von Dorgali nach Baunei gehört zu den schönsten Bergstrecken Sardiniens. Vor allem Motorradfahrer jagen ihre Stahlrösser über die griffigen und vor allem zahllosen Haarnadelkurven. Achtung, auch wenn du mit deinem Campingmobil eher der Cruiser bist: Nicht selten verbirgt sich hinter einer Kurve oder in einer schattigen Ecke einer Schutzgalerie eine Herde Kühe und Ziegen. Zunächst geht es am Bergpass Genna Silana vorbei. Perfekter Zwischenstopp ist der kleine Picknickwald von **Monte Lopene** (Achtung, die Ausschilderung „Area Sosta/Parking Area" bei GPS 40.077374, 9.602284 kommt unvermittelt). Unter den Kiefern führt ein kurzer Spaziergang zu einem klasse Aussichtspunkt auf das Supramonte-Gebirge. Die nächste Ortschaft auf deiner Strecke ist **Baunei.** Dort ist Vorsicht geboten: Gleich am Ortseingang führt eine enge Straße nach links bergauf Richtung Il Golgo *(Via Dante Alighieri)*, folge dem Straßenverlauf erneut links immer Richtung Golgo.

Eine gigantische Szenerie eröffnet sich für deinen Beifahrer: Der Blick aus dem Seitenfenster fällt auf die endlos weite Talebene, die direkt auf die Küste vor Santa Maria Navarrese und Arbatax zuläuft. Der Fahrer achtet besser auf die engen Kurven und den Gegenverkehr. Der einzig mögliche Haltepunkt befindet sich an der fünften und letzten Kehre bei GPS 40.033003, 9.666452.

Su Golgo di Baunei

Die Zufahrt zur Hochebene Su Golgo ist mit ihren engen Kehren für große Wohnmobile eine kleine, aber lohnende Herausforderung. Hinter dem Bergkamm liegt die weite Hochebene mit ihren Steinwüsten, durch die sich Steineichen, Ginsterbüsche und Korkbäume den Weg Richtung Himmel gebohrt haben. Die Straße, die du dir mit Horden tierischer Verkehrsteilnehmer teilst, endet an dem einsamen Pilgerkirchlein **San Pietro.** Su Golgo ist Ausgangspunkt der Wanderungen zu der schönsten Bucht Sardiniens:

Cala Goloritzé
Anderthalb Stunden Abstieg führen steil ins Badeparadies, eingerahmt von einer übergroßen Steinnadel und einem Felsbogen. Die Bucht ist so schön, dass sie zugangsbeschränkt ist: Am **Park Su Sinniperu** wird gezählt. Maximal 250 Personen dürfen am Tag an den Strand *(vorbuchen unter heartofsardinia.com)*. Hier kannst du über Nacht stehen *(GPS 40.083469, 9.678089 | Restaurant, warme Duschen und WC, kein Strom und kein Camperservice)*. Am besten startest du aber schon am Vormittag, denn selbst in den Sommermonaten liegt die Bucht ab etwa 17 Uhr im Schatten der Berge.

18 km Diesem Abstecher in die Natur schließt sich nun eine kurze Camperchallenge an: Die Ortsdurchfahrt von **Baunei** ist von jeher nicht für Womos gemacht. Hilft aber alles nichts, da musst du jetzt durch! In weiten Kehren führt dich die SS125 bergab Richtung Santa Maria Navarrese.

Spot 5 **Santa Maria Navarrese**
Dein Tor zur Region Ogliastra und dem Golf von Orosei ▶ **S. 62**

30 km Weiter geht es Richtung Süden durch Lotzorai und in großem Bogen auf der SS125 an **Tortolì** und **Arbatax** vorbei.

CALA GOLORITZÉ PER PEDES

Nur zu Fuß erreichbar ist dieses traumhafte Fleckchen Erde.

GUT VERSTECKT

Hinter Tesonis steigt die Küste steil an und birgt traumhafte Mini-Buchten für Kenner.

Insider-Tipp

Diese Aussicht ist heavy

Ein Granitsteinhändler hat der Küstengemeinde ***Girasole*** *tonnenschwere Picknickbänke gestiftet (mitten im Pinienhain, Ausschilderungnach „Girasole Camping Camper Service" folgen).*

Die schönen, kinderfreundlichen Strände von Orrì bieten nur wenige Parkplatzmöglichkeiten, deswegen kannst du hier zum Beispiel im **Camping Villaggio Cigno Bianco** dein Quartier aufschlagen *(Spiaggia di Orrì, Tortolì | Tel. +39 07 82 62 49 27 | campingcignobianco.it | GPS: 39.907814, 9.679357). Gemütlich fährt es sich auf der alten Staatsstraße „SS125 vecchio" durch Barisardo, wo du dich mit allem, was das Camperherz begehrt, eindecken kannst.* Bevor die SS125 wieder zur gut ausgebauten Schnellstraße wird, lohnt sich noch ein Abstecher nach Cea (die Ausschilderung nach Marina di Cea bei GPS 39.870143, 9.649698 ist kaum zu übersehen). Die schneeweiße Badebucht wird geschützt von zackigen roten Felsen, die stolz aus den türkisblauen Fluten ragen. Wenn du dich hier länger aufhalten möchtest, ist der Stellplatzpark **Area Attrezzata Camper Baia Cea** *(Loc. Baia Cea | Tel. +39 32 00 72 75 33 | baiacea.it | GPS 39.868743,9.680347 | €€)* die richtige Adresse!

Spot 6

Barì Sardo

Dolce-Vita-Feeling an der entspannten Ostküste ▶ S. 66

32 km Weiter geht es auf der SS125, diesmal auf der zweispurigen Schnellstraßenvariante, die dich in einem großen Schlenker landeinwärts führt. In **Tertenia** lohnt ein weiterer Abstecher Richtung Küste – zur gleichnamigen Marina, gut ausgeschildert bei GPS 39.692357, 9.587485 nach Osten abbiegen.

Marina di Tertenia

Die weißgrauen Strandabschnitte von **Foxi Manna** bieten sogar einen eigenen Camperstellplatz *(Area Sosta Attrezzata Foxi Manna | Tel. +39 32 82 77 46 79 | area-sosta-attrezzata-foxi-manna.business.site | GPS: 39.693463, 9.657235 | €)*. Hinter dem einsamen Campingplatz **Tesonis Beach** *(Loc. Tesonis, Marina di Tertenia | Tel. +39 32 80 92 98 72 | campingtesonisbeach.it | €)* scheint die Welt aufzuhören, so abgelegen nächtigst du hier.

Insider-Tipp

Küstenperlen sammeln

Ein kaum bekannter Küstenpfad führt oberhalb des Campingplatzes zu drei einsamen Robinson-Crusoe-Buchten mit Kieselstrand. Badeschuhe nicht vergessen!

36 km Zurück auf der Hauptstraße begleitet dich die SS125 durch eine einsame Landschaft. Ist für dich der Weg das Ziel, dann verbleibe auf der alten Orientale Sarda, die auf der Höhe von GPS 39.562021, 9.587297 geradeaus weiterführt, während dich die Beschilderung nach Cagliari und Villaputzu auf die gut ausgebaute Schnellstraßenvariante SS125VAR leiten will. Der **Salto di Quirra** ist ein riesiges militärisches Übungsgebiet, das kaum noch genutzt, aber bei Bedarf auch schon mal abgesperrt wird.

Spiaggia di Murtas

Mittendrin in dieser gottverlassenen Landschaft liegt der herrliche Strand von Murtas mit seinen bunten, kleinen Kieseln und dem immerklaren, babyblauen Wasser. Von Juni bis September kannst du hier unbehelligt baden. Doch vor den Strand haben die Militärs eine anspruchsvolle Zufahrt gesetzt. Vor der verlassenen Bar Quirra führt eine Straße bei GPS 39.515528, 9.607296 Richtung Castello di Quirra/Spiaggia di Murtas. Wenn dir die schnurgerade, aber einspurige, Fahrbahn Richtung Meer zu eng ist, biege nach links ab. Achtung: Die Zufahrt weist mehrere Senken auf, über die im Winter überschüssiges Wasser aus den Feldern abfließt. Vorbei an verlassen wirkenden Militärzäunen die Straße bis zum Ende der Bucht abfahren. Bei **Cala di Murtas** liegt ein großer Strandparkplatz am Bracksee *(GPS 39.547972, 9.644089)*. Ein schönes Fleckchen Erde haben sich die Militärs hier ausgesucht!

19 km Zurück auf die Hauptstraße SS125, die dich jetzt bis Villaputzu begleitet. In dem kleinen Bauerndorf kannst du dich mit dem Nötigsten eindecken, bevor es schon wieder Richtung Strand geht, nach Porto Corallo.

Porto Corallo

Die Küste von Villaputzu an der Mündung des Flumendosa-Flusses gehört zwar nicht zu den schönsten, aber den besten Küstenabschnitten für Camper. Weite Wege für Radler, entspannte Restaurants für Genießer und Meeresfrüchtefans und ein Jachthafen zum entspannten Segelbootspotten. Zentrum der Easygoing-Kultur von Porto Corallo ist der gepflegte Camperpark **Bellavista Camperservice** direkt am Strand.

i *Loc. Prumari, Porto Corallo | Tel./WhatsApp +39 345 5 05 00 69 | bellavistacamperservice.com | €€*

38 km Von Porto Corallo zurück durch Villaputzu. Wenn du einen Parkplatz findest – unbedingt anhalten! Im ganzen Südosten der Insel bekannt sind die Nudelspezialitäten der **Fratelli Marteddu**. In dieser großen Filiale hast du eine besonders große Auswahl an Ravioli und frischer Pasta in allen möglichen Formen und Geschmacksrichtungen, dazu duftendes Holzofenbrot und lecker belegte Pizzaschnitten *(Via Nazionale 143, Villaputzu | fratellimarteddu.com)*. Über eine enge, nur einspurig, aber über eine Ampel geregelte Flumendosa-Querung geht es über den zweitlängsten Fluss der Insel. Schon die Spanier wussten das fruchtbare Tal zu schätzen und haben hier endlose Reihen an Zitrusfrüchte angelegt. Mittendrin in den Orangen- und Zitronengärten liegt das sympathische Straßendorf **Muravera,** in dem du die letzten günstigen Besorgungen machen kannst, bevor es weiter Richtung Südosten geht. Ein Abzweig führt an einen Parkplatz fast direkt am Meer an den **Strand von San Giovanni** *(GPS 39.396013, 9.605672)*. Die SS125 führt weiter durch den Weiler von San Priamo, wo du nach rechts Richtung Cagliari dem Straßenverlauf folgst. Nach knappen 3 km fährst du auf die Schnellstraße SS125VAR Richtung Castiadas und Solanas. Wer hier geradeaus weiterfährt, landet nach einer endlosen Kurvenorgie durch die Berge der **Sette Fratelli** im Norden von Cagliari. Nimm gleich die nächste Abfahrt („Olia Speciosa"), um wieder Richtung Meer zu gelangen: diesmal an die berühmte Costa Rei!

Spot 7

Costa Rei

Königliches Badeparadies an der Südostküste der Insel ▶ **S. 70**

13 km

Südlich von Costa Rei reiht sich entlang der Provinzpiste SP18 ein schöner Strand an den nächsten. Gute Parkmöglichkeiten für einen Badestopp findest du in Santa Giusta *(GPS 39.232637, 9.567723)* und etwas versteckt in **Sant'Elmo** *(GPS 39.217170, 9.566530)* sowie an der traumhaften Mini-Bucht von Monte Turno *(GPS 39.207618, 9.562855)*. Am Strandparadies Cala Sinzias kannst du auf den Parkplätzen des hervorragenden Beachclubs **Tamatete** auch über Nacht stehen *(Loc. Cala Sinzias | Tel./WhatsApp +39 33 55 31 38 86 | lidotamatete.it | GPS 39.189077, 9.562282 | €€)*.

SÜSS-SAUER IM APRIL

Das fröhliche Zitrusfrüchtefest Sagra degli Agrumi in Muravera läutet den Saisonbeginn ein.

MAN NENNT SIE BIRNENBUCHT

Doch gibt's in der Cala Pira nur Kakteen, strahlend blaues Wasser und einen Sarazenenturm.

Cala Pira

Ein Abstecher lohnt zur wunderschönen, windgeschützten Bucht von Cala Pira mit großem, schattigem Parkplatz *(GPS 39.174330, 9.570724, zur Saison gebührenpflichtig)* und feinem, weißen und rosafarbenem Sand. Ein großer Sarazenenturm am Nordufer setzt dieser königlichen Bucht noch die Krone auf. Hinter dem Turm geht es leicht links über einen steilen Trampelpfad bergrauf, von dort ist die Aussicht auf die Sandbucht einfach herrlich! Am Horizont heben sich die Umrisse der unbewohnten Insel Serpentara aus den Fluten. Dort steht ein weiterer Wachturm, der den Blickkontakt von Villasimius nach Cala Pira garantieren sollte. Über hundert solcher Türme wurden zu spanischer Zeit rund um die Insel gebaut, um die Küsten von Piratenübergriffen zu schützen.

15 km Hinter Cala Pira steigt die Küstenstraße an und schenkt dir traumhafte Ausblicke auf die völlig unverbaute Küste. Genieße noch ein wenig Einsamkeit, bevor es nach Villasimius geht.

Villasimius

Aus dem ehemaligen Hirtendorf an der äußersten Südostspitze der Insel ist ein mondäner Ferienort geworden, der zu den beliebtesten

Badezielen Italiens gehört. Und das hat einen guten Grund: Die großartigen Strände von Porto Giunco, Simius, Campulongu und Punta Molentis sind an Schönheit kaum zu toppen. Bis auf letzteren sind die kinderfreundlichen Badeparadiese so groß, dass hier Tausende Urlauber Ferien machen können, ohne dass es zu Grabenkämpfen um den besten Platz fürs Handtuch kommt! Des einen Freud', des Campers Leid: Mitte Juli bis Ende August platzt hier alles aus den Nähten. Dann doch lieber ab auf den abseits gelegenen Campingplatz **Spiaggia del Riso** *(Via degli Aranci 2 – Loc. Campulongu | Villasimius | Tel. +39 070 79 10 52 | villaggiospiaggiadelriso.it | GPS 39.123361, 9.513145 | €€)* und Villasimius mit dem Rad erkunden. Mitten im Getümmel hingegen liegt der Stellplatzpark **Campersimius** *(Via delle Poiane 1 | Villasimius | Tel. +39 329 94 18 94 78 | campersimius.com | GPS 39.129700, 9.527730 | €€)*. Etwas außerhalb und charmebefreit kannst du auf dem **Stellplatz Camper Campus** campieren *(Via Cagliari | Villasimius | GPS 39.144840, 9.498578 | keine Website, kein Vorbuchen möglich | €)*.

Ein Abstecher lohnt sich nach Cava Usai: An der Granitsteinbucht lässt es sich auch länger aushalten. Von hier aus kannst du links die Küste entlang bis zum Sarazenenturm von Porto Giunco hochkraxeln: Tolle Selfies mit Strand, Lagune und Bergen im Hintergrund sind garantiert! Allerdings: In der Nebensaison sind hier manchmal Langfinger unterwegs.

54 km Seit Eröffnung der Schnellstraße von Villasimius nach Cagliari ist die alte Küstenroute SP17 eine herrliche Spazierstrecke zum Cruisen. Bei den schönen Aussichten über Solanas, Torre delle Stelle, Geremeas, dann weiter die Küste entlang über Capitana, hast du auch schon das Ziel am Horizont vor Augen: die Inselmetropole Cagliari! Den Ausschilderungen „Poetto" folgen. In Cagliari musst du ohne hilfreiche Beschilderung auskommen. Faustregel: immer geradeaus, den Viale del Poetto entlang, in den Viale Armando Diaz bis zum großen Parkplatz Piazza dei Centomilla *(GPS 39.206933, 9.124119)*.

Ziel & Spot 8

Cagliari

Sardiniens chaotische Inselmetropole ▶ **S. 74**

Optionaler Anschluss: Tour C

Spot 5

Santa Maria Navarrese

Dein Tor zur Region Ogliastra und dem Golf von Orosei

In Santa Maria Navarrese endet die flache Küste abrupt an einer karstigen Steinwand. Vor der Kirche des beliebten Ferienorts thronen schattige tausendjährige Olivenbäume, drumherum reihen sich nette Kneipen und einfache Restaurants, die sich in den Abendstunden mit Wanderern und Natursportfreunden füllen, die tagsüber die Karstberge der Ogliastra erklommen haben. Direkt über der kleinen Badebucht gibt es Strandbars, in denen es sich unter den schattigen Strandkiefern gut und gerne ein paar Stunden aushalten lässt.

P *Parken bei GPS 39.987508, 9.688245*

MIT ÜBERBLICK

Ein alter Wachturm bietet besten Blick auf die Strände von Santa Maria Navarrese.

AKTIVITÄTEN & SIGHTSEEING

1 Zur Riesenfelsnadel wandern

An der Küste von Baunei ragt, eingerahmt von kristallklarem Wasser und herrlichen Schnorchelfelsen für Fortgeschrittene die etwa 80 m hohe Felsnadel **Perda Longa** in den Himmel. Die zweistündige, atemberaubende Küstenwanderung dorthin startet oberhalb von Santa Maria Navarrese (Parkplatz am Ostello Bellavista). Zurück geht es weitere zwei Stunden auf demselben Weg. ***Infos:*** *für Wanderfaule: Auf der Hauptstraße von Santa Maria Navarrese nach Baunei zweigt rechts eine Stichstraße nach Perda Longa ab (Steigung 20 %!).*

2 Eine einmalige Bootstour unternehmen

Die schönsten Bootstouren in den **Golfo di Orosei** starten von Santa Maria aus. Schon die Umschiffung des windumtosten Capo Monte Santo ist eine Reise wert. Dahinter liegen alle Strandoasen der Küste versteckt. Vorbei an Cala Goloritzé, ein Badestopp in Cala Mariolu oder der Bucht von Biriola, ein Halt an der Grotta del Fico, ein Sprung ins Badedas-blaue Meer der Piscine di Venere – eine Tour in den Golfo von Orosei ist der Höhepunkt deines Sardinienurlaubs!

Insider-Tipp

Preiswerte Passagen

Am günstigsten sind die Linienboote von Nuovo Consorzio Marittimo Ogliastra (auf mareogliastra.com und direkt am Hafen buchbar).

3 Mit dem Quad zum Strand von Cala Sisine heizen

Mit vier dicken Reifen durch den Supramonte geht es bei den außergewöhnlichen Quadtouren, die ab Baunei starten. Die beliebteste Tour führt quer über die Golgo-Ebene, dann gibt die Natur den Parcours vor. Die enge Schotterstraße durch das Sisinetal endet kurz vor der Meereskante, wo dann eine Stunde Baden und Staub abwaschen angesagt ist. ***Infos:*** *escursioniquadbaunei.it | Buchung online, los geht's an der Tankstelle Baunei*

4 Von den roten Felsen von Arbatax ins Meer springen

Arbatax ist für seine Rocce Rosse berühmt: Welch ein Schauspiel, von den roten Naturwundern aus Prophyrfels in die Fluten zu springen (oder den wagemutigen Locals dabei zuzuschauen). ***Parken:*** *Die Felsen stehen etwas im Abseits neben der Einfahrt zum Fährhafen, Ausschilderung Scogli Rossi, bei GPS 39.939012, 9.709168*

ESSEN & TRINKEN

5 Chiosco di Ponente

Die **Fischerkooperative von Tortoli** beliefert die von Schnickschnack befreite Taverne in idyllischer Lage zwischen Lagune und Meer allabendlich mit Unmengen Fisch und Meeresfrüchten aus eigenem Fang. Als Vorspeise gibt's sardische Austern zum Spottpreis! ***Infos:*** *tgl. abends | Loc. Peschiera San Giovanni | Tortolì | Tel. +39 32 96 70 30 22 | chioscodiponente.it | €*

6 Mec Puddu's

Fast Food auf Sardisch! Wegen eines Namensstreits mit einer uns allen bekannten amerikanischen Burgerkette hat es dieser Laden schon in die nationalen Medien geschafft. Lecker wie auf dem Agriturismo, easy going wie im Mitnehmrestaurant. ***Infos:*** *tgl. 19.30–23 Uhr | Via Plammas 8 | Santa Maria Navarrese | Tel. +39 33 93 20 26 69 | Facebook: mecpuddu | €*

7 Nascar

In diesem kleinen Hotelrestaurant sitzt du herrlich unter Steineichen im Freien vor einem schön angeleuchteten Palazzo aus dem 19. Jh. Auf dem Menü stehen insbesondere frische Meeresfrüchte. ***Infos:*** *tgl. 19.30–22.30 Uhr | Viale Pedras 1 | Santa Maria Navarrese | Tel. +39 07 82 61 53 14 | nascarhotel.eu/ristorante | €€€*

8 Sa Buttega

Mitten im Zentrum von Tortolì kannst du hier günstig Pizza und Meeresfrüchte genießen. ***Infos:*** *tgl. mittags und abends | Via Monsignor Virgilio 46a | Tortolì | 12 km südl. von Santa Maria Navarrese | Tel. +39 32 94 52 69 21 | sabuttega-ristopizze.it | €€*

AUSGEHEN & FEIERN

9 Tortolì

Der Ort (11 000 Einw.) ist mit seinen Ämtern und Büros zuvorderst das Verwaltungszentrum der Region – und

LOGENPLATZ

Die Area Attrezzata Costa Orientale ist einer der wenigen Stellplätze der Region direkt am Meer.

heimliches Ausgehzentrum vor allem der Sarden. Wenn du dich unters Volk mischen möchtest, schlendere in den Abendstunden zur besten Aperitifzeit die Via Monsignor Virgilio auf- und ab. ***Infos:*** *11 km südl. von Santa Maria Navarrese* ***Parken:*** *Parkmöglichkeiten am Ortseingang oder für kleine Camper auf dem Marktplatz (GPS 39.925722, 9.661679)*

STELL- & CAMPINGPLÄTZE

10 Stellplatz für Outdoor-Freaks

Beste Hirtenküche gibt es in der Locanda Il Rifugio – Golgo, wo markierte Wege beginnen und geführte Wanderungen, Pferde-, Schlucht- und Klettertouren organisiert werden. Auf freundliche Anfrage kannst du hier mit deinem Womo auch eine Nacht stehenbleiben.

Rifugio Cooperativa Goloritzé

€ | Loc. Golgo | Baunei
Tel. +39 368 7 02 89 80 | coopgoloritze.com
GPS: 40.087466, 9.662535

- **Größe:** *0,1 ha, 10 Stell- und Zeltplätze*
- **Ausstattung:** *Restaurant und Pizzeria, keine Ver- und Entsorgung, Strom*

11 Ordentliche Anlage am Meer

Schöne Stellplätze, leider mit wenig Schatten aber nahe am Strand von Girasole mit einsamen Pinienhain.

Camping Girasole 

€€ | Via Camping Girasole | Girasole
Tel. +39 32 81 34 56 98 | campingirasole.it
GPS: 39.960206, 9.678683

- **Größe:** *2 ha, 50 Stell- und Zeltplätze, Lodgezelte und Mobile Homes*
- **Ausstattung:** *Strom, Camperservice, Bar mit Selbstbedienungs-Restaurant, Duschen und WC*

12 Strandnaher Stellplatz

Direkt am Endlosstrand Tancau entfernt liegt dieser Stellplatz-Klassiker.

Area Attrezzata Costa Orientale

€ | Via Mare/ Loc. Tancau | Lotzorai | 1,5 km südlich von Santa Maria Navarrese
Tel. +39 333 9 04 25 22 | areaattrezzatacostaorientale.it
GPS: 39.983407, 9.686029

- **Größe:** *0,1 ha, 40 Stellplätze*
- **Ausstattung:** *Strom, Camperservice, warme Duschen, WC, Supermarkt, Pizzeria und Bar gleich nebenan*

Spot 6

Barì Sardo

Dolce-Vita-Feeling an der entspannten Ostküste

Die südliche Ogliastra ist ein wenig so, wie man sich das Süditalien von anno dazumal vorstellt. Ziegen dösen im Schatten hoher Bäume, Grillen zirpen unter Ginstersträuchern. Halbfertige Häuser und verstreute Ställe zeugen davon, dass die Geschäfte nicht immer gut laufen in dieser abgelegenen Region, die etwa gleich weit von Cagliari wie von Olbia entfernt liegt. Gerade deshalb kannst du dich an den bombastischen Stränden und in den atemberaubenden Bergwelten besonders wohlfühlen! Aber auch im Inland gibt's jede Menge Wasser: zum Beispiel an den Wasserfällen bei Sadali und den Badegumpen von Coccorocci.

ERFRISCHEND

An den Mini-Wasserfällen von Coccorrocci kannst du der Küstenhitze entfliehen.

AKTIVITÄTEN & SIGHTSEEING

1 Strandparadies am Torre di Barì entdecken

In Barì Sardo erlebst du die Ogliastra in Reinform. Alte Männer dösen an den Straßen, die älteren Frauen tragen noch die traditionelle Alltagstracht. Von Bari Sardo ist es nur ein Katzensprung zur Torre di Barì, dem wuchtigen Sarazenenturm, der von gleich zwei schönen Sandstränden eingerahmt wird.

2 In Coccorrocci den Steinen beim Rollen zuhören

Der Rhythmus der Wellen und rollenden und reibenden Steinkiesel ist der hypnotisierende Sound von Sardiniens längster Kieselbucht. Im Norden von Coccorrocci kannst du in einer wahrhaft magischen Marslandschaft aus rostroten Porphyrfelsen, wundersamen Steinskulpturen sowie kleinen Fjorden und Buchten spazieren. Weiter talaufwärts liegen die Badegumpen (Piscine Naturali). ***Parken:*** *Sardiniens abgelegenster Campingplatz liegt hier, 17 km südlich von Barì Sardo (Loc. Coccorrocci, Marina di Gairo | Tel. +39 32 83 79 477 3 | coccorrocci camping.com | GPS 39.729109, 9.673190 | €€)*

Insider-Tipp

Natürliches Spaßbad

Mini-Wasserfälle, eingerahmt von hohen Oleanderbäumen und niedrigen Zistrosenbüschen! Wer sagt eigentlich, dass man auf Sardinien nur im Meer baden kann?

3 Sadali und seine Wasserfälle erleben

Schon die Endloskurvenstrecke Richtung Sadali ist eine Reise wert. Mitten in diesem sympathischen Bergdorf plätschert der Brunnen von San Valentino vor sich hin. Doch weitaus spektakulärer ist das frei zugängliche Wasserloch **Su Stampu de su Turrunu** im Semucu-Canyon: In dem Wäldchen schießt ein Wasserstrahl tagein, tagaus in eine Felshöhle. ***Infos:*** *Grotte: Mai–Sept. tgl. 10–13 und 15–18 Uhr | 70 km westlich von Barì Sardo | escursionisadali.it/italiano/grotta-is-*

REGENTAG – UND NUN?

4 Große Kunst in der Kleinstadt finden

Spektakulär ist schon die Anfahrt nach Ulassai mit Blick auf die umliegenden kahlen und zerklüfteten Felswände. An einer von diesen liegt die beeindruckendste Grotte der Region, **Su Marmuri.** Sie hat bis zu 12 m hohe Tropfsteine, und die unzähligen Hallen erreichen eine Höhe von 70 m *(grottasumarmuri.it)*. Im ehemaligen Bahnhof kannst du dir die faszinierende Sammlung der Fondazione Stazione dell'Arte anschauen Sie zeigt zeitgenössische sardische Objekt- und Performancekunst der 2013 verstorbenen Maria Lai. ***Infos:*** *Di–So 9–19.30 Uhr | 6 €, Kinder bis 12 J. Eintritt frei | 25 km westlich von Barì Sardo | Tel. +39 07 82 78 70 55 | stazionedellarte.com* *janas/ | Abstieg vom Parkplatz der Tropfsteinhöhle Is Janas | 11 Camperstellplätze im Ort | Via Tocco 1 | Sadali | Tel./WhatsApp +39 32 06 25 32 78 | €)*

5 Durch das verlassene Dorf Gairo Vecchio geistern

1951 verwüstete ein Unwetter das alte Dorf von Gairo, seither stehen die verlassenen Häuser leer. Die alten Gebäude der Geisterstadt lassen noch Einblicke in die sardische Bauweise zu, so manches Wohnhaus wurde zum Schafstall umfunktioniert. Nur die alte Dorfkirche wurde wieder aufgebaut. ***Infos:** 25 km westlich von Barì Sardo* ***Parken:** großer Parkplatz am alten Ortseingang bei GPS 39.848700, 9.498532*

ESSEN & TRINKEN

6 Cucamonga

Die einfache Seaside Bar an der Straße Richtung Coccorrocci serviert bis in die Abendstunden Drinks, Cocktails und Kaffee – für einen Zwischenstopp ideal. Abends kann man den Tag zu ein paar Loungesounds entspannt ausklingen lassen. Im Sommer legen hier am Wochenende manchmal DJs auf. Hier kannst du auch übernachten, etwa 20 Stellplätze für Womos stehen nur wenige Meter vom Steinstrand entfernt zur Verfügung. ***Infos:** Loc. Baccu e Praidas | 12 km südlich von Barì Sardo | Tel. +39 327 9 31 01 37 | € | GPS: 39.755678, 9.671703*

7 Sard Cafe Rock & Sun

Die chillige Beachbar im Pinienhain von Barì Sardo verströmt noch ein wenig den Charme der guten alten 1980er-Jahre. Am besten lässt du dir hier die selbst gemachten Panini zum Aperitif schmecken. ***Infos:** Juni–Sept. | Via della Pineta | Torre di Barì (vor dem Campingplatz Sa Marina) | Tel. +39 328 5 64 53 12 | € | Facebook: sardcafe*

REICHT FÜR ALLE!

Viel Platz für Familien bietet der Komfortplatz L'Ultima Spiaggia.

EINKAUFEN

8 Cantina Antichi Poderi

Das Bergstädtchen Jerzu ist für seinen Cannonau berühmt. Am Ortseingang bietet die größte Kellerei am Platze Gelegenheit, diesen ursardischen Rotwein zu kosten (Degustation online vorbestellen) und zu kaufen. ***Infos:*** *Via Umberto I 1 | Jerzu | 20 km südwestlich von Barì Sardo | jerzuantichipoderi.it*

STELL- & CAMPINGPLÄTZE

9 In Turmweite

Aufgeräumte Parzellen unter Eukalyptusbaumreihen, nur 5 Minuten vom endlos langen Strand entfernt.

Sosta Camping Torre di Barì

€ | Strada Comunale Sa Marina | Bari Sardo
campingtorredibarisardo.com
GPS: 39.8306663, 9.6778570

▶ **Größe:** *1 ha, ca. 50 Stellplätze*
▶ **Ausstattung:** *Bar, WLAN, Grillbereich, Spielplatz, Hundedusche, Waschmaschine, Tauschregal für Bücher*

10 Perfekt für Familien

Rundum-Sorglos-Campingplatz direkt am Strand und ideal, wenn du mit Kind und Kegel unterwegs bist. Die Poolanlage gehört zu den größten der Insel.

L'Ultima Spiaggia

€€€ | Loc. Planargia | Barì Sardo
Tel. +39 78 22 93 63 | campingultimaspiaggia.it
GPS: 39.818844, 9.672351

▶ **Größe:** *12 ha, 315 Stellplätze, Bungalows und Mobilheime*
▶ **Ausstattung:** *Restaurant, Pizzeria, Supermarkt, zur Saison Animation, WLAN, Swimmingpool, Kinderspielplatz, Tennisplatz, Kleinfussballfeld*

11 Am Ende des Endlosstrands

Gepflegter, ordentlich parzellierter Campingplatz in einem schattigen Eukalyptushain am nördlichsten Ende des feinen Kieselstrands von Torre di Barì.

Camping Village Marina

€€ | Viale della Pineta 29 | Torre di Barì
Tel. +39 78 22 99 69 | campingmarina.it
GPS: 39.841666, 9.683104

▶ **Größe:** *2 ha, ca. 90 Stellplätze*
▶ **Ausstattung:** *Restaurant, Pizzeria, Supermarkt, Animation, Tauch- und Reitschule in der Nähe*

Spot 7

Costa Rei

Königliches Badeparadies an der Südostküste der Insel

Costa Rei ist das Sehnsuchtsziel vieler Sardinien-Fans aus Mitteleuropa. Ein endlos langer, goldgelber Sandstrand mit glasklar glitzerndem, seichtem Wasser macht vor allem Familien rundum glücklich. Und die Saison ist lang: Hier kannst du von Ostern bis Ende Oktober baden, immer ein paar Tage länger als im Norden der Insel. Im Sommer kann es hier allerdings voll werden – dann ziehst du dich am besten in die Berge oder an das einsame Capo Ferrato zurück, wo du zum romantischen Leuchtturm spazieren kannst.

KUSCHELIG

Die Spiaggia Santa Giusta an der Costa Rei wird von den mächtigen Peppinofelsen beschützt.

AKTIVITÄTEN & SIGHTSEEING

1 Staubigen Spaß haben am Eisenkap

Roberto und seine Quads erwarten dich am Nordende von Costa Rei. Seine Fun Tour führt zum Leuchtturm von **Capo Ferrato,** auf Bachwegen und der nicht asphaltierten Provinzpiste bis Feraxi, wo du zwischen Strand und Lagune mächtig Staub aufwirbelst. ***Infos:*** *Iba Sa Cresia Centro Escursioni | Prolungamento Piscina Rei (ggü. des stillgelegten Camping Le Dune) | Tel. +39 347 1 82 59 59 | Facebook: Centro-Escursini-Iba-Sa-Cresia*

2 ... oder doch lieber auf den Eisenberg steigen?

Der mächtige Bergkegel des **Monte Ferru** ist das Wahrzeichen der Costa Rei, doch kaum einer traut sich hinauf! Der Aufstieg durch Ohrenkakteen und Wolfsmilchbüsche ist steil und anstrengend, der Ausblick vom alten Wachturm dafür umso atemberaubender! ***Parken:*** *Porto Pirastu bei GPS 39.298555, 9.610697, ausgeschildert „Sentiero Escursionistico Monte Ferru 402"*

Insider-Tipp

Picknick mit Prachtblick

*Folgst du dem engen Sträßchen Richtung Meer, locken in **Porto Pirastu** schöne Sitzgruppen mit Ausblick und Mini-Sandbucht.*

3 Sommerfrische tanken

Eines der schönsten Familienwander- und MTB-Gebiete Sardiniens ist der von unzähligen Wegen durchzogene **Naturpark Sette Fratelli.** Idyllische Rastplätze laden zum Picknicken und Grillen ein. Eine anspruchsvolle Spazierrunde ist die Tour 812 zu den Steintürmen Perda sub'e Pari; die komplette Runde zu den Bergspitzen der „Sieben Brüder" genannten Felsspitzen (Markierung 800) ist eine schöne Tageswanderung. ***Infos:*** *40 km westlich von Costa Rei* ***Parken:*** *Zufahrt über die kurvige SS125, km 30,1. Freies Parken innerhalb des Parks, über Nacht stehen nicht erlaubt.*

4 Mit dem Boot zur Kohlinsel schippern

Das Meer des **Marineschutzparks Villasimius** ist einzigartig: Tiefe Tauchgründe, windgepeitschte Inselchen und glasklares, fischreiches Wasser machen die Region zu einer der beliebtesten Badeziele Italiens. Bootstouren führen dich bis auf die Kohlinsel Isola dei Cavoli, auf der der mächtige Leuchtturm den südöstlichsten Punkt Sardiniens markiert. ***Infos:*** *20 km südlich von Costa Rei | Bootsausflüge mit dem Segelschooner Matilda II (matildacharter.com) oder dem Fastfoodboot Fiore di Maggio (fioredimaggio.it). Fangfrischen Fisch an Bord zubereitet bekommst du bei Sampey (pescaturismosampeydavide.it)*

ESSEN & TRINKEN

5 Il Molo

Das Allround-Restaurant der Costa Rei: Vom Cappuccino bis zur Meeresfrüchtepizza bekommst du hier alles in ordentlichen Portionen aufgetischt. Große Speisenauswahl und Meerblick von den vorderen Tischen auf dem Freisitz. ***Infos:*** *tgl. | Via Ichnusa 37 | Costa Rei | Tel. +39 070 99 14 43 | €€*

6 Jessy Beach

Einfache Beachbar mit einem einfach fantastischem Blick auf die pittoresken, rundgelutschen Granitfelsen an der Costa Rei. Der Bayer Heinz legt besonderen Wert auf Bier aus der Heimat und deutsches Fernsehen bei Europa- und Weltmeisterschaften. ***Infos:*** *Via Marco Polo 2 | Costa Rei | Tel. +39 346 0 45 58 32 | Facebook: jessy.beach.bar | €*

7 Araxi 'e Mari

Schönes Outdoor-Restaurant unweit der Traumbucht von Cala Sinzias. Im Sommer wird jeden Abend ein Spanferkel am Grill geröstet, aber auch Pastaklassiker mit sardischem Touch und Fischgerichte stehen bei Andrea und Giorgia auf der Karte. ***Infos:*** *tgl. ab 19 Uhr | Loc. San Pietro, an der Straße von Cala Sinzias Richtung Cast | Tel. +39 34 78 82 09 42 | araxiemari.it | €€*

AUSGEHEN & FEIERN

8 Villasimius

Tagsüber wirkt Villasimius, 18 km südlich von Costa Rei, selbst eher wie ein Straßendorf, denn hier ist man nachtaktiv: Von Ende Juni bis Anfang September wird die Hauptstraße Via del Mare bis in die frühen Morgenstunden gesperrt, und du kannst bummeln, Krimskrams und Leckereien shoppen oder Kunsthandwerkern beim nächtlichen Basteln zusehen. ***Parken:*** *Umfahre das Zentrum von Villasimius weiträumig! Am besten zunächst Richtung Campulongu/porto turistico, dann am Friedhof (cimitero) parken.*

BERAUSCHT

Auf dem Camping Capo Ferrato sind die Plätze am Meer so schön wie begehrt.

EINKAUFEN

9 L'Olio San Tomas

Premium-Olivenöl aus Familientradition gibt's bei Familie Cimetti. Wenn du mal auf den Hof gefahren bist, kommst du nicht um ein Tasting herum – von mild bis fruchtig-herb, fruchtig-bitter und naturtrüb musst du erst einmal alle Sorten durchprobiert haben, bevor du einkaufen darfst. ***Infos:*** *Via Pranu Sitò | Castiadas (auf der Straße nach Castiadas ausgeschildert) | 10 km südwestlich von Costa Rei | Tel. +39 07 09 94 70 28 | oliosantomas.it*

STELL- & CAMPINGPLÄTZE

10 Beliebtes Familienparadies

Ganz besonders beliebt bei Familien mit Kindern ist der direkt hinter dem südlichen Ende des Costa-Rei-Strand gelegene Campingplatz. Die junge, kreative Leiterin Patrizia denkt sich ständig etwas Neues für ihre großen und kleinen Gäste aus. Die Stellplätze direkt am Meer sind über Jahre hinweg zu Ostern, Pfingsten und den Herbstferien ausgebucht!

Camping Capo Ferrato

€€€ | Villaggio Camping Capo Ferrato
Costa Rei | Tel. +39 070 99 10 12
campingcapoferrato.com
GPS: 39.242703, 9.569983

▶ **Größe:** *2 ha, 83 Stellplätze und Bungalows*
▶ **Ausstattung:** *Animation, Spielplatz, Supermarkt und Bar, Roller-Verleih, WLAN, private Badezimmer*

11 Glampingparadies für Vierbeiner

Schattiger Glampingplatz im Nordteil der Costa Rei. Direkt am Meer gelegen und mit viel, viel Liebe für Vierbeiner: Einen für Fellnasen, Herrchen und Frauchen reservierten Strandabschnitt mit Hundetrainerin und einen Hundepool gibt es auch.

Campingplatz Tiliguerta

S.P. 97, km. 6,00 | Costa Rei
Tel. +39 070 99 14 37 | tiliguerta.com
GPS: 39.29144, 9.600286

▶ **Größe:** *10 ha, 210 Stellplätze, Glamping-Bungalows*
▶ **Ausstattung:** *Strandservice, Restaurant, Bar, Restaurant, Supermarkt, Animation, Dogsitter, WLAN, Wellnesspakete*

Cagliari
Sardiniens chaotische Inselmetropole

Cagliari ist laut, chaotisch, der Stadtverkehr ein Camper-Alptraum – und doch solltest du unbedingt zwischenstoppen. Dolce Vita, Kultur und sardische Leichtigkeit gehen hier eine spannende Verbindung ein. In der Hauptstadt Sardiniens leben, zusammen mit den Vororten, die sich nahtlos anschließen, fast ein Drittel aller Sarden: 430 000 Menschen, die gefühlt alle auf einmal mit dem Auto losziehen. Wenn du am Hafen einen Parkplatz ergattert hast, tauche in das pulsierende Stadtleben ein.

P *tgl. außer donnerstags, wenn dort der große Bauernmarkt stattfindet, kannst du auf der großen Piazza dei Centomila parken (GPS 39.206851, 9.123851)*

FARBENFROH

Den schönsten Blick aufs Häusermeer von Cagliari hat man vom Hafen aus.

AKTIVITÄTEN & SIGHTSEEING

1 Auf Cagliaris Burgberg durch enge Gassen stromern

Die Altstadt von Cagliari auf dem Castello-Berg ist wie eine Burg befestigt. Noch wie vor Jahrhunderten geht es durch eines der drei Stadttore in die dunklen, engen Gassen, in denen Wäsche flattert, wo Fernseher plärren und Essensduft aus klapprigen Fenstern zieht – genau so stellt man sich den Süden vor. Die beiden alten Verteidigungstürme, der Torre dell'Elefante mit seinem Steinelefanten und der Torre San Pancrazio, sind Werke pisanischer Architekten des Hochmittelalters. Die strahlend weiße Freiterrasse **Bastione di Saint-Remy** wurde hingegen erst im 19. Jh. geschaffen und ist der vielleicht schönste Platz der Insel. Hier hast du den ganzen Golf im Blick – wow!

2 Dem Dom von Cagliari aufs Dach steigen

Mitten im Gassengewirr des Castello öffnet sich ein Platz mit Herrschaftspalästen, dazwischen erhebt sich die leuchtend weiße Marmorfassade der **Cattedrale di Cagliari.** Sieht aus wie Mittelalter, stammt aber von 1933, als Teile der alten Barockfassade zusammenfielen. Das Innere des Gotteshauses ist aber echt antik und feinster, pompöser Knorpelbarock. Steige unbedingt hinunter in die Krypta mit ihren 300 Wandnischen. Und dann nichts wie rauf auf den derzeit höchstgelegenen Aussichtspunkt der Stadt auf dem Campanile *(nur Juli/Aug. Mo–Sa 10–15 Uhr).*

3 In die tiefe Gruft der Cripta di Santa Restituta absteigen

Im Stadtteil Stampace versteckt sich in einer Häuserschlucht unter einer mittelalterlichen Kirche ein uraltes Gewölbe, das einst von den Phöniziern als Kalksteinbruch und Weinkeller errichtet wurde. Im Zweiten Weltkrieg diente der beeindruckende unterirdische Gewölbedom als Luftschutzkeller. Nur ein paar Meter weiter logiert Sant'Efisio in seiner Märtyrerkapelle. Der Schutzheilige der Stadt wird immer am 1. Mai mit der größten Trachtenparade der Insel gefeiert. ***Infos:*** *tgl. 10–17 Uhr | 2 €, Kinder 1 € | Via Sant'Efisio | Cagliari | beniculturalicagliari.it*

4 Wallfahren wie die Päpste

Die meistbesuchte Wallfahrtskirche Sardiniens hat alle Päpste der letzten Jahrzehnte gesehen. Einer Legende zufolge wurde das Holzbildnis der Muttergottes im Jahre 1370 unweit des **Santuario di Nostra Signora di Bonaria** an Land geschwemmt. Eine Reise durch die Kunstgeschichte ist der imposante Monumentalfriedhof gleich nebenan, wo du zwischen Gruften, Gräber und Mausoleen der letzten 200 Jahre wandeln kannst. Eine Oase der Ruhe. ***Infos:*** *Cimitero di Bonaria | Friedhof geöffnet Di–So bis 17.30, im Sommer bis 18 Uhr* ***Parken:*** *großer Parkplatz auf der Piazza dei Centomila bei GPS 39.206908, 9.124133. Donnerstags findet dort ein großer Bauernmarkt statt; eine Promenade führt von hier am Hafen entlang bis in die Unterstadt des Marina-Viertels.*

5 Den Sonnenuntergang wie die Cagliaritani bewundern

Völlig abseits der Touristenströme gelegen, blieben vom alten **Castello di San Michele** noch drei wuchtige Türme und ein Burggraben übrig. Zeitlos schön ist der Sonnenuntergang hinter den Bergen von Capoterra. ***Parken:*** *Parkplatz am Parkeingang bei GPS 39.242485, 9.113012*

6 Wer's romatisch mag

Hierhin zieht sich die Stadtjugend zurück, wenn sie es romantisch haben will: Der Ringweg Viale Europa auf den Berg von **Monte Urpino** bietet einen schönen Blick auf das Castello-Viertel, die Salzseen von Molentargius und den Poetto-Strand.

7 Ein rosa Wunder bestaunen

Ein wunderbares Spektakel: Über zehntausend Flamingopaare bevölkern den **Stagno di Molentargius** vor den Toren der Stadt und zaubern unzählige rosa Punkte in die Lagune. Durch den Park kannst du radeln oder spazieren, ohne den Lebensraum der scheuen Wasservögel zu stören. ***Parken:*** *großer Parkplatz am Eingang Via della Palma bei GPS 39.205530, 9.146366, Infopoint mit Fahrradverleih*

8 Durch das Museumsdorf San Sperate spazieren

Sobald du die Hauptstraße des Bauernnestes San Sperate 20 km nordwestlich von Cagliari verlässt, strahlen dich von den Hauswänden Murales an. Das Bemalen der Fassaden ist hier nicht Ausnahme, sondern die Regel, und das seit 1968.

Insider-Tipp
Klangkunst for free

Auch die kingenden Steinskulpturen des im Ort geborenen, international bekannten Bildhauers Pinuccio Sciola stehen hier wie in einem Freilichtmuseum. Einfach mit einem Stein über die Klangrillen gleiten!

9 Auf das Geisterschloss Acquafredda klettern

Aus der weiten Cixerri-Ebene zwischen Cagliari und Iglesias ragt bei **Siliqua** ein erloschener Vulkankegel empor: Auf diesem hat sich im 13. Jh. der Pisaner Edelmann Ugolino della Gherardesca ein Denkmal gesetzt, vom dem noch die

REGENTAG – UND NUN?

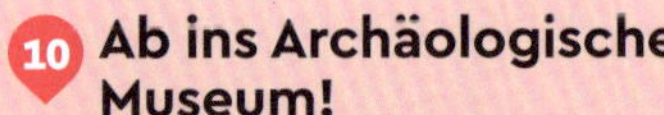

10 Ab ins Archäologische Museum!

Im ehemaligen königlichen Waffenarsenal widmet sich Sardiniens größte archäologische Sammlung vor allem der Nuraghenkultur mit ihren kleinen Bronzestatuetten, die einst als Weihgaben in Gräber oder Brunnenheiligtümer gelegt wurden. Die **Pinakothek** nebenan zeigt neben Gemälden auch sardischen Goldschmuck, Schnitzereien und Hirtenmesser. ***Infos:*** *tgl. 8.45–19.45 Uhr | 10 €, Kinder 5,50 €, 1. So im Monat Eintritt frei | Piazza Arsenale | Cagliari | museoarcheocagliari.beniculturali.it*

Schlossmauern und Reste seines Geisterdorfs stehen. **Infos:** *10–19 Uhr, letzter Einlass 1 Std. vorher | 5 €, Kinder 3,50 € | 35 km westlich von Cagliari | castellodiacquafredda.com* **Parken:** *Parkplatz mit Picknickplätzen GPS 39.263651, 8.817256*

ESSEN & TRINKEN

11 Osteria Sa Domu Sarda

Etwas abseits des Ausgehviertels genießt du hier sardische Landküche mit Chic: *culurgiones* mit Walnusspesto, eine Gemüselasagne mit Carasau-Brotscheiben, Fregolanudeln mit Waldpilzen und eine rein sardische Weinkarte. **Infos:** *tgl. 12.30–15.30 und 19.30–23 Uhr | Via Sassari 51 | Cagliari | Tel. +39 070 65 34 00 | osteriasadomusarda.it | €€*

12 Antica Cagliari

Das Marina-Viertel rund um die Via Sardegna ist Cagliaris Schmankerlgasse, in der sich ein Restaurant ans nächste reiht. In der Institution Antica Cagliari solltest du unbedingt mal die Strozzapretinudeln mit Seeigelcreme oder Fregolanudeln mit Scampi probieren. **Infos:** *tgl. 12.30–15.00 und 19.30–23.30 Uhr | Via Sardegna 49 | Cagliari | Tel. +39 07 07 34 01 98 | anticacagliari.it | €€€*

13 Terrapieno Club House & Bistrot

Im Vereinsheim von Cagliaris schönstgelegenem Sportplatz direkt unter dem Burgviertel kommt bei toller Aussicht auf die Unterstadt eine gute, preiswerte Pizza auf den Tisch. Hierher verirrt sich kaum ein Tourist! **Infos:** *Di–So 18–0 Uhr | Viale Regina Elena 14 | Cagliari | Tel. +39 33 87 84 18 62 | Facebook: TERRAPIENO | €*

14 Libarium Nostrum

Die Loungebar ist tagsüber die gute Stube des Castello-Viertels, in der man mit Blick auf den Hafen seinen Cappuccino zu sich nimmt. Abends versammelt

SUNSET-SPOT FÜR INSIDER

Der Burgberg des Castello di San Michele sorgt für Überblick und Romantik.

sich hier zum Sundowner eine bunte Mischung aus Urlaubern, Partyvolk und Panoramafans. **Infos:** *Via Santa Croce 33 | Cagliari | Tel. +39 346 5 22 02 12*

AUSGEHEN & FEIERN

15 Piazza Yenne

Zu den heißen Cagliaritaner Nächten wird fast immer rund um die Piazza Yenne und die breite Kneipenmeile Corso Vittorio Emanuele II vorgeglüht. Weniger bekannt ist aber die schöne Piazza San Domenico im Stadtteil Villanova.

16 Poetto

Der fast 10 km lange Sandstrand (alle Stadtbuslinien mit „P" fahren dorthin) bietet typisch italienisches Strand- und Nachtleben. Angesagt sind vor allem die abendlichen Sundowner und nächtlichen Beachpartys am Poetto di Quartu mit seinen trendigen Badehütten und die Disko der Strandbar Il Lido, wo hoch über den Fluten getanzt wird *(lidocagliari.com/it/disco-club)*.

EINKAUFEN

17 Via Manno und Via Garibaldi

In den beiden Einkaufsmeilen findet sich eine bunte Mischung aus internationalen Ketten neben kleineren Mode-, Schuh-, Dessous-, Hut- und Krawattengeschäften. **La Rinascente** an der Via Roma versammelt auf vier Etagen neben dem üblichen Kaufhausangebot zahlreiche italienische Design- und Modelabel, Schuh- und Parfummarken.

Insider-Tipp
Nachmittags shoppen ist out! *Cagliaris Einkaufsstraßen sind von 13 bis 17 Uhr wie leergefegt, weil alle Läden Mittagspause machen.*

FRISCHER GEHT NICHT

Das Marktparadies San Benedetto erlebst du am besten frühmorgens.

18 Markthalle San Benedetto

Ein Erlebnis für die Sinne: Überall riecht und duftet es, wird frischer Fisch lauthals angepriesen, vor deinen Augen Fleisch gehackt, der Innereienzopf Cordula geflochten: sardisches Superfood bei über 300 Händlern. ***Infos:*** *Mo–Sa 7–14 Uhr | Via Francesco Cocco Ortu | Cagliari*

STELL- & CAMPINGPLÄTZE

19 Außerhalb der Stadt

Der einzige stadtnahe Stellplatz besticht nicht durch seine Lage: An der Stadtumfahrung lässt es sich aber eine Nacht zum Stehen aushalten. Außerdem kannst du auf dem Parkplatz des Camperverleihers ablassen und auftanken. Online-Buchung 24 Stunden am Tag, anschließend wird dir ein Zugangscode zugesandt.

Sarda Camper

€ | Via San Francesco 60 | Quartu Sant'Elena | 10 km östlich von Cagliari | sardacamper.com/prodotto/sosta-24h/ GPS: 39.246837, 9.201731

- **Größe:** *ca. 0,5 ha, 20 Stellplätze*
- **Ausstattung:** *Ver- und Entsorgung, Strom*

20 Der Stadtnahe

Weitgehend charmefreier Camperpark- und Stellplatz hinter der Bonari-Basilika, 20–30 Min. zu Fuß ins Zentrum.

Camper Cagliari Park

€ | Via Stanislao Caboni 13 | Cagliari
Tel. +39 329 6 71 31 41 | campercagliaripark.it
GPS: 40.284957, 9.633435

- **Größe:** *0,1 ha, 150 Stellplätze*
- **Ausstattung:** *Camperservice, Strom, Sanitärcontainer, Fahrradverleih, Autowäsche und Werkstatt für Camperreparaturen*

21 Am Stadtstrand

Auf diesem großen, staubigen und kostenlosen Parkplatz am Endlosstrand Poetto wird Nachtparken toleriert. Frühstücken kannst du am nächsten Morgen in einer der Strandbars am Meer.

Poetto

Lungomare Poetto
GPS: 39.215844, 9.178158

- **Größe:** *1 ha, ca. 10–20 Stellplätze*
- **Ausstattung:** *Strandbars am Meer, kostenlose Duschen am Strand*

OH, NORA!
Schon die alten Römer wussten, wo man im Süden Sardiniens bestens urlaubt.

Tour C

Afrika ganz nah
Von Cagliari bis an die Costa Verde

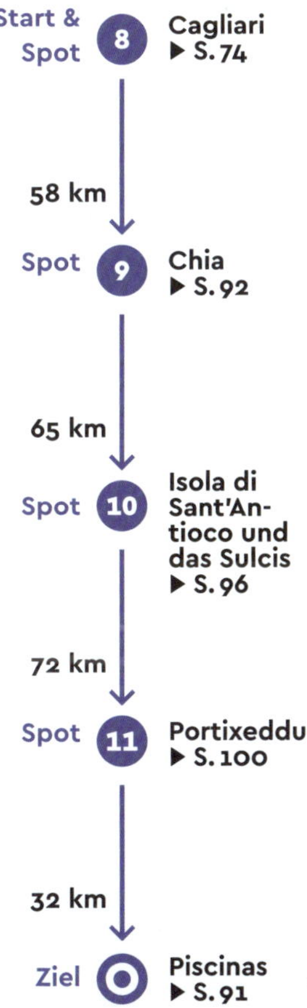

Der Südwesten Sardiniens bietet dir mit seinen endlosen Kurvenstrecken immer die Küste entlang, den einsamen Bergen im Inland, seinen unzähligen Buchten rund um Chia und das Capo Spartivento sowie dem kleinen Inselarchipel des Sulcis eine spannende Landschaft, in der du im Handumdrehen auf Entschleunigung schalten kannst. Wer Ruckelpisten nicht scheut, den erwartet inmitten der Wüstenlandschaft von Costa Verde eine fast unwirkliche Einsamkeit.

Strecke 217 km

Reine Fahrzeit 5 Std.

Streckenprofil gemächlich durch den Süden Sardiniens über einen gut ausgebauten Damm auf die viertgrößte Insel Italiens, dann auf engen Straßen entlang steiler Küsten und durch verlassene Minengebiete

Empfohlene Dauer 8 Tage

Anschlusstouren
B D

FACTS

Tour C im Überblick

Tour-Highlights
Per Damm auf die Insel – ab nach *Sant'Antioco!* ▶ S. 87
An den rauhen Klippen von Nebida *verfallene Bergwerke* bestaunen ▶ S. 87
Auf der Area Camper Chia von den *Flamingos* geweckt werden ▶ S. 95
Thunfisch und Tradition – erlebe das Inselvolk von *Carloforte* ▶ S. 97
Am einsamen Capo Pecora vom Womo aus *den Naturgewalten zuschauen* ▶ S. 101
Làconi/Laconi
Seui
Barì/Bari Sardo
Nuradda/Nurallao
Biddanoa 'e Tulu/Villanova Tulo
Jersu/Jerzu
Cardedu
Abas/Ales
Nuragus
Tuili
Barùmini/Barumini
SS131
Lunamatrona
Sàrdara/Sardara
Mara Arbarei/Villamar
Seddori/Sanluri
Segariu
Santu 'Èngiu/San Gavino Monreale
Serrenti
Samassi
Nuràminis/Nuraminis
Biddacidru/Villacidro
Serramanna
Ùssana/Ussana
Biddesorris/Villasor
SS131
Assèmini/Assemini
Sestu
Sìnnia/Sinnai
SS130
Silìcua/Siliqua
Castiadas
SS554
Saline Conti Vecchi
Cagliari
Seite 74
8
SS125var
Nuxis
Torre Degli Ulivi
Crabonaxa/Villasimius
Foresta Gutturu Mannu-Tiriccu
SS195bis
Golfo di Cagliari
Sarroccu/Sarroch
Santu Perdu/Villa San Pietro
Pula
Mar Tirreno
Teulada
Domus de Maria
9
Chia
Seite 92
10 km

C Tourenverlauf

Start & Spot 8

Cagliari
Sardiniens chaotische Inselmetropole ▶ S. 74

Optionaler Anschluss: Tour B

16 km Aus dem Großstadtgewirr heraus immer Richtung Pula. Zunächst geht es über die Schnellstraße SS195 Richtung Capoterra, vorbei an unendlichen Reihen von Plastikbojen, zwischen denen in langen Netzen Miesmuschelsaaten reifen. Auf der Höhe des Containerhafens führt ein Abzweig Richtung Zona Industriale Macchiareddu.

Saline Conti Vecchi

Ein enges Sträßchen führt mitten durch die Salinen. Das Reich von hunderten Flamingos und Wasservögeln ist aber auch Sardiniens größtes Industriegebiet. Den Anfang machte vor fast hundert Jahren die Saline von Conti Vecchi. Hier wird das weiße Gold der Insel auch heute noch produziert. Die alten Fabrikhallen sind heute Museum, und ein Bummelzug führt zu den Salzgärten und den schneeweißen Salzbergen, die im Oktober und November zum Höhepunkt der Produktion dem Himmel am nächsten sind.

i *Ende Feb.–Ende Juni 10–18, Juli/Aug. 9.30–13.30 und 16.30–20.30, Sept. 10–19, Okt. bis 18, Nov./Dez. bis 17 Uhr (letzter Einlass 2 Std. vor Schließung) | 10 €, Kinder 4 € | Tel. +39 070 24 70 32 | fondoambiente.it/luoghi/saline-conti-vecchi*

P *großer Parkplatz auf dem ehemaligen Fabrikgelände*

32 km Zurück auf die Schnellstraße SS195 Richtung Capoterra und über die Nehrung, die das offene Meer von den Lagunenseen und Salinen trennt. Die Schnellstraße führt dich auf schnellstem Weg Richtung Süden. Nimm am besten die erste Ausfahrt nach Villa San Pietro, dann die erste Abfahrt nach Pula (Viale Europa).

Pula

In der Kleinstadt mit ihrem charmanten Stadtkern ist vor allem im Sommer viel geboten. In der Fußgängerzone reihen sich Boutiquen und Eisdielen aneinander. Auf der großen Piazza werden abends Konzerte, Aufführungen und sogar Schönheitswettbewerbe abgehalten. In der Nebensaison geht es hier hingegen sehr ruhig zu.

i Drei sichere Stellplätze bietet die Autowaschanlage von Pula mit Ver- und Entsorgung sowie Stromanschluss (Via Gennargentu | Pula | carwashservices.it/camperservicestop).

P Zur Saison gibt es entlang des Viale Segni in der Regel ausreichend gebührenpflichtige Parkplätze. Nach der ersten Abfahrt Richtung Pula, einmal über die schmale Brücke, dann zweimal scharf links. Weitere kostenfreie Parkplätze am Friedhof (cimitero), dem Straßenverlauf weiter Richtung Nora folgen.

Nora

In Pula führt dich die etwas ausladende Straßenführung um das Stadtzentrum herum auf die idyllische Halbinsel der römisch-punischen Hafenstadt Nora mit Säulen, Tempelresten, Mosaiken und einem beeindruckenden Theater, das noch heute in lauen Sommernächten für Aufführungen genutzt wird. Über der antiken Stadt erhebt sich an der Spitze der Halbinsel der Sarazenenturm Torre del Coltelazzo aus dem 16. Jh., der auf den Resten der phönizischen Akropolis thront. Von der alten Warte aus hast du einen herrlichen Blick auf den gesamten Golf, die Lagune und die antiken Mauerreste. Gleich neben der Ausgrabungsstätte befindet sich der schöne Badestrand Spiaggia di Nora.

i tgl. 9 Uhr–Sonnenuntergang | 6 €, Kinder bis 18 J. 3,50 €

P großer Parkplatz kurz hinter dem Hotel Baia di Nora (zur Saison gebührenpflichtig), einige Parkplätze an der Chiesetta di Sant'Efisio

IM RAUSCH DER RUINEN BADEN

Gleich neben den Ausgrabungen von Nora lockt ein toller Sandstrand zum Sonnenbaden.

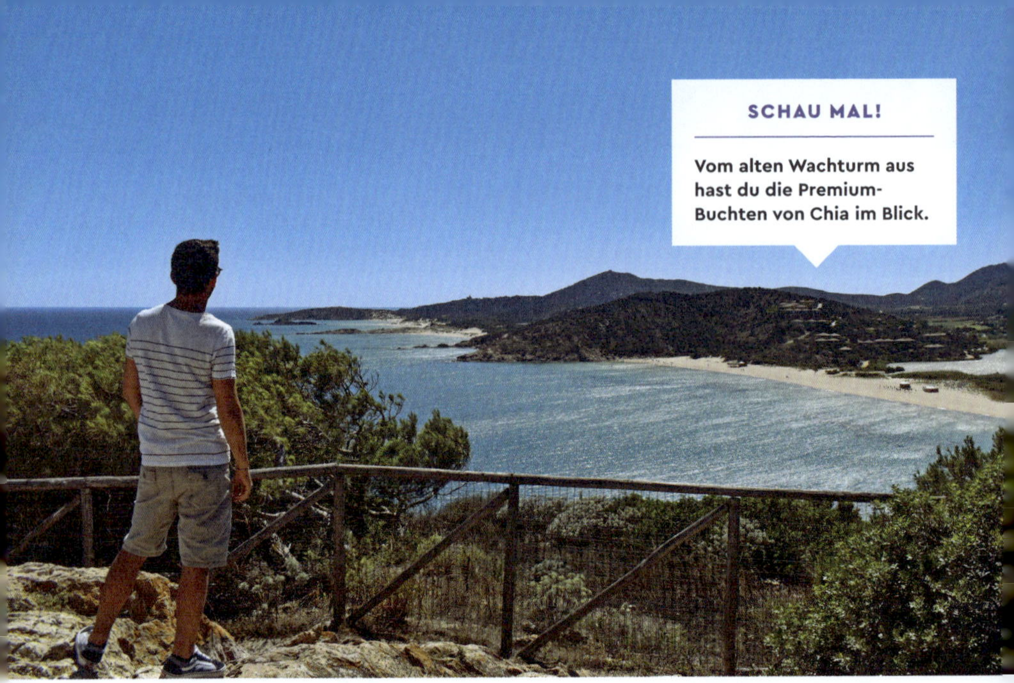

SCHAU MAL!

Vom alten Wachturm aus hast du die Premium-Buchten von Chia im Blick.

20 km Zurück auf die Schnellstraße und geradewegs weiter, Abzweigung Richtung Chia.

Fahre gleich nach der kleinen Bar Richtung **Torre Chia,** *vom alten Sarazenenturm aus hast du den besten Überblick auf die Strände von Chia! Parkplätze vor dem Campingplatz Torre Chia (GPS: 38.895316, 8.885212).*

Insider-Tipp
Super Feige!

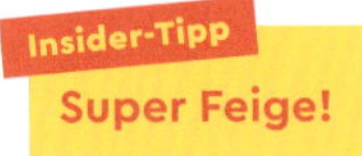

Auf dem Weg nach Chia geht es vorbei an Obst- und Gemüsehändlern, die allerlei Leckereien feilbieten. Probiere unbedingt die zuckersüßen Feigen Fico Nero di Chia, die als sardisches Superfood gelten!

Spot **9**

Chia

Das weite Strandparadies Südsardiniens ▶ **S. 92**

65 km Weiter geht es immer am Meer entlang – einsam, fast unbewohnt und immer wieder laden kleine Strände und Buchten zum Baden ein. Hinter Teulada geht es an einem riesigen Militärgebiet vorbei durch eine gottverlassene Landschaft, durch Sant'Anna Arresi, Is Solinas,

Palmas, dann über den 3 km langen Damm der SS126 auf das felsige Eiland Sant'Antioco. Willst du hier zwischenstoppen, dann schau beim **Agricamping Il Ruscello** vorbei *(nur Stellplatz, Is Pillonis | Sant'Anna Arresi | Tel. +39 34 07 78 89 52 | keine Website | €).*

Sant'Antioco

Der Hauptort der Insel – er heißt ebenfalls Sant'Antioco – ist ein uraltes Hafenstädtchen, das schon seit Urzeiten durch einen Isthmus mit dem Festland verbunden ist. Bereits im 8. Jh. v. Chr. wurde der Hafen angelegt. Mussolini ließ ihn ausbauen, um die Bodenschätze Südwestsardiniens zu verschiffen. Seit vielen Jahren wird er nur noch als Fischerhafen genutzt, und wer in den frühen Morgenstunden hier entlangspaziert, kann direkt bei den Fischern vom Boot herunter einkaufen – frischer geht es nicht! Faszinierend ist die Pfarrkirche **Basilica Sant'Antioco Martire** im *centro storico,* unter der ehemalige punische Kammergräber liegen, die später zu christlichen Katakomben ausgebaut wurden. Der gesamte Hügel von Sant'Antioco ist von zahlreichen Tunneln und Kammern durchzogen, in denen die Punier und Phönizier ihre Verstorbenen bestatteten.

Museo Archeologico Ferruccio Barreca
Das Museum erzählt von der Geschichte der Totenstadt und bietet eine tolle Panoramalage!

i *tgl. 9–18 Uhr | 7€ | Via Sabatino Moscati | mabsantantioco.it*

P *Nach der Hafenbrücke sofort rechts auf die Hafenstraße Lungomare Caduti di Nassiriya Richtung Porto Turistico abbiegen (GPS 39.064117, 8.459650). Von hier aus ist der Stadtkern gut zu erreichen. Zum Museum sind es etwa 20 Min. Fußweg, auch dort sind ausreichend Parkplätze vorhanden.*

Spot 10

Isola di Sant'Antioco und das Sulcis
Der felsige Südwesten Sardiniens bietet spektakulärste Sonnenuntergänge ▶ **S. 96**

17 km Zurück auf dem sardische Festland, heißt das nächste Etappenziel **Carbonia.** Dort kannst du noch einmal preiswert volltanken und den Kühlschrank in zahlreichen Großmärkten auffüllen.

Museo del Carbone

Der Südwesten Sardiniens ist trotz Schließung der Minen Industriegebiet geblieben. **Carbonia,** 1938 gegründet, ist eine Reißbrettstadt aus der Mussolini-Ära. Die Förderung der Braunkohle wurde in den 1960er-Jahren eingestellt, aber ein kleines Museum erzählt im Schatten der alten Fördertürme von der Geschichte der einst bedeutenden Minen der Region.

i *Museo del Carbone – Grande Miniera di Serbariu | Mitte Juni–Mitte Sept. tgl. 10–19 Uhr, Mitte Sept.–Mitte Juni Di–So 10–18 Uhr | 8 €, Kinder 6 € | Carbonia | museodelcarbone.it*

6 km Weiter auf der SS126 Richtung Norden – aber nur kurz, denn schon nach wenigen Kilometern geht es nach links und steil bergauf! Ausschilderung „Parco Archeologico Monte Sirai".

Monte Sirai

Wow – hier hast du fast ganzen Südwesten und das Sulcis-Archipel im Blick! Die antiken Eroberer der an Bodenschätzen einst so reichen Südostküste der Insel haben hier einen der wichtigsten Kultorte phönizischen und punischen Ursprungs im Mittelmeerraum geschaffen.

i *Di–Sa 9–20, Sa/So 9–13 und 16–20 Uhr, im Winter früher | 6 €, Kinder 6–12 J. 5 € | Località Sirai – SS126, km 17 | Tel. +39 345 7 55 97 51 | car boniamusei.it*

P *steile Zufahrt, großer Parkplatz, tolles Panorama!*

20 km Nach Carbonia lässt du das Industriedreieck des Sulcis am besten schnell hinter dir und tuckerst schnurstracks auf der SS126 Richtung Gonnesa, dann weiter auf der SP83 Richtung Nebida. Unterwegs lädt am **Strand von Fontanamare** ein großer Parkplatz unübersehbar zum Verweilen ein. Zurück auf der Provinzstraße geht es spektakulär und in engen Kurven die Küste entlang.

Nebida

In diesem ehemaligen Bergarbeiterdorf musst du einfach anhalten! Der kleine Rundgang „Belvedere" führt einmal um einen Berg herum, schon allein die Aussicht auf die Reste des alten **Blei- und Zinkbergwerks** am

Meer ist spektakulär. Doch was dann im Norden am Horizont auftaucht, ist grandios: Das Inselchen Pan di Zucchero sieht mit seiner elliptischen Form aus wie eine Skisprungschanze direkt ins Meer!

Insider-Tipp
Länger genießen

Bei einem solchen Ausblick macht es gar nichts, wenn es in der **Felsenbar Al 906 Operaio** *(Mo geschl.) am Belvedere beim Service ab und an etwas länger dauert.*

P *In Nebida geht auf dem Dorfparkplatz Piazza Belvedere es etwas eng zu, vor allem zur Saison und am Wochenende kann es für große Camper knapp werden.*

14 km Hinter Nebida klettert die enge Straße mächtig bergauf, bei 13 % Steigung kommt so mancher fahrbare Untersatz mächtig ins Schnaufen. Nächste Station: die bildschöne Strandbucht Cala Domestica.

Cala Domestica

Wie ein Fjord hat sich die Bucht in die Steilküste gebaggert. Richtig filmreif sieht das Ganze aber erst von oben aus: An der Südflanke führt, vorbei an den Resten einer alten Erzverladestation, ein enger Pfad bis zu einem alten Wachturm – was für ein Ausblick!

AUF DER KANTE

Ganz schön eng und ganz schön spektakulär ist die Küstenstraße nach Nebida.

ECHTES CAMPER-KINO

Ein super Stellplatz für Sonnenuntergangshungrige ist San Nicolao hoch über dem Meer von Portixeddu.

P *großer, ausgewiesener Camper-Park- und Stellplatz*

9 km Zurück die Hauptstraße immer weiter Richtung Norden (SP83). Oberhalb von Buggeru gibt es einen schönen **Panoramapunkt,** an dem die Reste einer alten Förderanlage vor sich hinrosten. Von hier aus kannst du auch in etwa anderthalb Stunden die Küste bis Cala Domestica zurückwandern, Spaziergang durch das Geisterdorf Planu Sartu inklusive! Nächste Station: Buggerru. Achtung, die Abfahrt „Centro" nicht verpassen!

Buggerru

Das alte, von senkrecht abfallenden Bergflanken, verfallenen Minenanlagen und Abraumhalden überragte Bergarbeiterdorf versucht, mit seiner neuen Marina und dem **Besucherbergwerk Galleria Henry Urlauber** anzulocken.

P *Für Camper hat der Bürgermeister am Hafen oberhalb des Sandstrands eigens einen Stellplatz eingerichtet (Area Sosta Camper Buggerru, (Instagram: sosta_camper_buggerru), der auch als Parkplatz dient. Hier kannst du auch über Nacht stehen bleiben!*

6 km Weiter geht es auf engen Straßen entlang des endlos langen Sandbands von Portixeddu.

P *Camping- und Stellplatz Area Sosta San Nicolao direkt über dem Meer mit einem frontalen Sonnenuntergang. Eine Nacht kann man es also gut aushalten, sonst gibt es nichts, was einen hier länger hält – außer vielleicht der tollen Lage gleich oberhalb des Sandstrands.*

Spot 

Portixeddu

Am Ende der Insel die Einsamkeit erleben ▶ **S. 100**

32 km Richtung Norden führt Provinzpiste SP83 auf die gut ausgebaute, aber endlos kurvige Staatsstraße SS126. Sieben Kilometer vor Arbus musst du dich entscheiden: Willst du deinem fahrbaren Untersatz die staubige Ruckelpiste SP66 durch die verlassenen **Minen von Ingurtosu** bis hin zu den höchsten Dünen der Insel, der Wüste von Piscinas, zumuten? Bis zu den verlassenen **Steinwaschanlagen von Naracauli** ist die Asphaltpiste gut befahrbar, dann an Bord alles festbinden, was nicht niet- und nagelfest ist! Gleicher Hin- und Rückweg:

Ziel 

Piscinas

Die Ruckelfahrt wurde belohnt: Am Ende der Straße erwartet dich wie eine Fata Morgana das **Naturschutzgebiet** von Piscinas mit einer alten, zum Hotel umgebauten ehemaligen Verladestation, ein kilometerlanger Strand mit bis zu 300 m hohen Sanddünen und offizieller FKK-Strand. Da heißt es nur noch: Womo parken und ab ins Wasser, den Sand abwaschen! Auf der Piste nach Piscinas liegt auf halber Strecke der etwas staubige Campingplatz **Su Sciopadroxiu** mit seinem spektakulär gelegenen Sonnenuntergangsrestaurant.

i *geöffnet März–Ende Okt. | SP4, Loc. Piscinas Strada Ingurtosu – Piscinas, km 2 | Marina di Arbus | Tel. +39 340 5 72 43 10, +39 349 7 16 72 31 | campingsciopadroxiu.com*

P *In Piscinas gibt es einen ausgewiesenen Womo-Parkplatz (GPS: 39.542836, 8.450903).*

Wenn du es wagen willst: Die Küstenstraße SP4 weiter Richtung Norden führt durch zwei je nach Wasserstand sehr tiefe, aber in jedem Fall steinige Furten.

Optionaler Anschluss: Tour D

Spot 9

Chia

Das weite Strandparadies Südsardiniens

Fast nichts als Sand. Chia und seine Buchten mit weiten Lagunen wirken wie ein Traumbild: Dünen mit Wacholderbäumen und Rosmarinbüschen, Oleander, dazwischen stelzen Flamingos durch die seichten Brackwasserseen. Holzpfade führen durch die riesigen Sandberge ans Meer, um das empfindliche Ökosystem aus Strandvegetation, Nehrungen und allerlei Sand- und Wassergetier nicht zu stören. Herrlich!

EINE TRAUMBUCHT NACH DER ANDEREN

Der Campeggio Torre Chia liegt gleich unterhalb des alten Sarazenenturms.

AKTIVITÄTEN & SIGHTSEEING

1 Abtauchen am einsamen Strand von Ferraglione

Hinter **Cala Cipolla** weicht der Sommertrubel von Chia der Einsamkeit. Die Küste entlang führt ein für Fahrzeuge gesperrter Feldweg durch Wolfsmilchbüsche bis zum Leuchtturm von Capo Spartivento. Hier kannst du wie die alten Leuchtturmwärter und die Gäste der einsamen Luxusherberge die gesamte Küste überblicken – bombastisch! Folge einfach dem alten Küstenweg noch eine halbe Stunde bis zur Spiaggia di Ferraglione. Kein Mensch weit und breit. ***Parken:*** *Parkplatz vor Cala Cipolla*

Insider-Tipp **Schnorchelglück** *Die Unterwasserwelt kannst du hier mit nur Maske und Schnorchel erleben. Grandios, was es dort zu entdecken gibt!*

2 Einmal ins Postkartenmotiv eintauchen

Das helle Sandband von **Tueredda** liegt nur wenige Kilometer westlich von Chia. Für viele der schönste Strand Sardiniens und stetes Postkartenmotiv, darum bist du hier selten allein, für Camper allerdings ist die Parksituation oft prekär. Auch wenn der Strand noch so voll ist: Das glasklare Wasser ist fantastisch! Gut geführte Strandbars mit Restaurant, WC und Duschen. Von Mitte Juni bis Ende September ist der Zugang auf 1100 Personen begrenzt. Wer zuerst kommt, darf baden! ***Parken:*** *drei privat betriebene Parkplätze; mit Camper besser früh anreisen!*

3 Porto Tramatzu – ziemlich ab vom Schuss

Feiner, weißer Sand und kristallklares Wasser und vom Handtuch aus ein toller Blick auf die klitzekleine, vorgelagerte Isola Rossa – ein von Macchia bedecktes Felsmassiv. Der Strand bietet ein großes Serviceangebot mit einem behindertengerechten Zugang sowie einem weitläufigen Parkplatz, der auch für Wohnmobile geeignet ist. Jetzt ist die abgelegene Bucht wieder ein Paradies nur für friedliche Urlauber. Jahrzehntelang teilten sich hier Badegäste und Militärs ein und denselben Traumstrand. Damit ist jetzt Schluss.

REGENTAG – UND NUN?

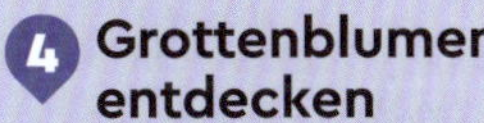

4 Grottenblumen entdecken

Von Chia geht es durch steiniges Bergland Richtung Santadi. Auf halber Strecke liegt die Tropfsteinhöhle **Grotta Is Zuddas** mit ihren kreuz und quer gegen die Schwerkraft gewachsenen weißen Kalkspitzen. Die Grottenblumen genannten Ablagerungen sind absolut sehenswert! Am Eingang lockt das gleichnamige Gartenlokal mit stiller Natur und großem Parkplatz. ***Infos:*** *stark variierende Startzeiten der Führungen s. Website | 12 €, Kinder 6–12 J. 8 € | 34 km nördwestlich von Chia | grotteiszuddas.com*

5 Auf dem antiken Friedhof

Nahe Villaperuccio liegt die mystische Nekropole Montessu: 40 in den Trachyt gehauene Gräber der Jungsteinzeit sind hier über zwei Hügel verteilt. An der Grabstätte **Tomba delle spirali** kann man noch uralte Steinritzungen erkennen, die erstaunlich modern aussehen. Die beiden Königsgräber wirken wie zwei riesige Gesichter, die sich anstarren. ***Infos:*** *Okt.–April 9–17 Uhr, Mai/Sept. 10–18 Uhr, Juni–Aug. 10–20 Uhr | 5 €, Kinder 6–12 J. 3 € | 48 km nordwestlich von Chia | Tel./WhatsApp +39 34 07 43 35 21 | Facebook: MontessuAreaArcheologica | kurz hinter Villaperuccio Richtung Narcao abbiegen*

ESSEN & TRINKEN

6 Agriturismo La Biada

Am besten nimmst du das Menü und lässt dich von der Vorspeisenparade überraschen. Die Hauptspeise Spanferkel wird am offenen Feuer gegrillt – nichts für Vegetarier! ***Infos:*** *Di–So abends | Via S.Francesco 62 | Santa Margherita di Pula | 11 km nordöstlich von Chia | Tel. +39 32 99 45 81 51 | agriturismolabiada.it*

7 Ristorante Crar'e Luna

Von Fisch über Fleisch bis Pizza wird hier alles geboten! Dazu noch durchgehend warme Küche und flotter Service. Nur die Livemusik zur Untermalung ist Geschmackssache. ***Infos:*** *tgl. 12–24 Uhr, Mo Mittag geschl. | Viale Chia 41 | Domus de Maria | Tel. +39 07 09 23 00 41 | crareluna.it | großer Parkplatz*

EINKAUFEN

8 Spitzenwein zum Spitzenpreis

Die **Cantina di Santadi** gehört zu den ältesten Kellereien der Insel. Dort

BITTE NICHT STÖREN

Auch Flamingos an der Area Camper Chia wollen ihre Ruhe.

gibt es den weltweit begehrten Kultwein Terre Brune aus der Carignano-Traube, aber auch den kräftigen Grotta Rossa für den Hausgebrauch zu kaufen. Sommerlich-frisch ist die Rosè-Variante Tre Torri. ***Infos:*** *Mo–Fr 8–13 und 16.30–19, Sa 8–13 Uhr, im Winter kürzer | Via Cagliari 78 | Santadi | 44 km nördwestlich von Chia | Tel. +39 07 81 95 01 27 | cantinadisantadi.it*

STELL- & CAMPINGPLÄTZE

9 Direkt am Traumstrand

Stellplätze unter schattigen Eukalyptusbäumen direkt am Lagunensee, in dem sich die Flamingos auf der Suche nach Plankton nicht von Campermobilen stören lassen. Vom Stellplatz 400 m zum Strand.

Area Camper Chia

€€ | Loc. Su Giudeu | Chia (Ausschilderung Area Sosta)
Tel. +39 33 92 30 70 96 | areacamperchia.net
GPS: 38.891567, 8.862104

▶ **Größe:** *1 ha, 100 Stellplätze*
▶ **Ausstattung:** *Schatten, Trinkwasser, Entsorgung, warme Duschen, Bar*

10 Unter dem Sarazenenturm

Komfortplatz mit einer windgeschützten Traumbucht. Eine tolle Spazierrunde führt über den Strand und die Küste Richtung Norden entlang einer alten Römerstraße – traumhafte Ausblicke!

Campeggio Torre Chia

€€€ | Via del Porto 21 | Domus de Maria
Tel. +39 07 09 23 00 54 | campeggiotorrechia.com
GPS: 38.89813, 8.88394

▶ **Größe:** *3 ha, 108 Stell- und Zeltplätze*
▶ **Ausstattung:** *Restaurant/Pizzeria, Frühstücksbar, Supermarkt, Tennis, Duschen, Entsorgung*

11 Campen auf dem Bauernhof

Agricamping mit Womo-Stellplätzen 4 km von der Küste. Sehr gepflegte Gartenanlage, auf den Koppeln grasen Esel und Pferde! Zufahrt von der Straße Richtung Porto di Teulada.

Agriturismo Costa del Sud

Sa Tuerra | Teulada | 25 km westlich von Chia
Tel. +39 34 93 60 21 81
GPS: 38.952541, 8.719134

▶ **Größe:** *0,5 ha, 10 Stellplätze, 6 Einzimmer-Appartements*
▶ **Ausstattung:** *Bar, Pool*

Spot 10

Isola di Sant'Antioco und das Sulcis

Der felsige Südwesten Sardiniens bietet spektakulärste Sonnenuntergänge

Sant'Antioco ist nach Sizilien, Sardinien und Elba Italiens viertgrößtes Eiland – auch wenn du das vielleicht gar nicht mitbekommst, so lange ist die Insel schon künstlich mit Sardinien verbunden. Schon die Punier schufen eine Landbrücke auf die Insel, auf deren Resten man sie heute noch trockenen Fußes erreicht. Die Vulkaninsel ist schnell mit dem Womo erkundet. Schöner geht es natürlich auf einer Tagesrunde mit dem Fahrrad.

SCHÖN KITSCHIG

Einfach magisch ist der Sonnenuntergang hinter dem Leuchtturm von Mangiabarche.

AKTIVITÄTEN & SIGHTSEEING

1 Den Sonnenuntergang in Calasetta ablichten

Ein schöner Fischerort, wie am Reißbrett für ligurische Einwanderer entworfen, liegt an der Nordspitze der Insel. Mit der Spiaggia Grande findest du hier den schönsten Strand an der hauptsächlich vulkanischen Küste.

Am schönsten ist es an den Felsriffen von Mangiabarche, wenn die Sonne am glitzernden Horizont untergeht. Wow! Verlassene Gefechtsanlagen aus dem Zweiten Weltkrieg verraten, dass es hier nicht immer friedlich zuging. ***Parken:*** *Zufahrt am besten vom Süden her, auf dem großen Parkplatz parken und fünf Minuten die Küste entlangspazieren (GPS 39.072393, 8.355094)*

2 Die Isola di San Pietro erkunden

Carloforte ist der Hauptort der zweiten bewohnten Insel des Sulcis-Archipels und mit einer kleinen Fähre zu erreichen. Der Fischerort hat viel Charme und Flair, du kannst durch die engen Gassen spazieren und Dolce-Vita-Feeling spüren. Doch nach Carloforte kommt man nicht zum Baden, sondern der besonderen Küche wegen: Hier wird schon immer Thunfisch gefangen. ***Infos:*** *Fähren etwa alle 2 Std. ab Calasetta | hin/zurück Winter 9,80 €, Sommer 11,20 € | delcomar.it | Auf der Insel geht es eng zu, am besten ohne Camper übersetzen; Parkplätze am Hafen*

Insider-Tipp

Sparen wie Carlofortiner

Lass dein Womo in Calasetta kostenlos stehen, dann zahlst du auf der Fähre nur den Personenpreis.

3 Die weißen Sanddünen von Porto Pino bewundern

Eine echte Sensation ist der fantastische Dünenstrand 36 km östlich von Sant'Antioco, der mit seinem mehlfeinen, blendend weißen Sand und Dünenland wüstenartig wirkt. An der Westhälfte der Bucht Strandbars mit WC und Duschen, an der Osthälfte nur Einsamkeit und Dünen. ***Parken:*** *Nicht bis ganz vor nach Porto Pino fahren. Kurz vor dem Ort geht es nach links auf einen Holperweg,*

REGENTAG – UND NUN?

4 Beschirmt Kirchen gucken in Iglesias

Rund um Iglesias (46 km nördlich von Sant'Antioco) haben drei Jahrtausende Bergbau Spuren hinterlassen. Silber, Blei, Zink und Kupfer wurden hier gefördert und verhüttet. Der Stadtname kommt dir spanisch vor? *Villa Ecclesiae* genoß unter den Spaniern Stadtrecht und protzt mit mehr als einem Dutzend Kirchenbauten. In den Altstadtgassen kannst du bummeln und shoppen, gegen den Regen hängt eine Unzahl bunter Schirme über den Straßen – ein echtes Selfieparadies!

der durch den Bracksee führt (nur Mai–Sept., danach gesperrt). Ausschilderung „Parcheggio Le Dune", 10 €/Camper, über Nacht stehen ist verboten.

5 Tratalias

Mitten in der unteren Sulcis-Ebene liegt ein Freilichtmuseum. 1982 wurde das Dorf wegen des nahen Stausees umgesiedelt. Die 45 mittelalterlichen Häuser in traditioneller Bauweise mit Ginsterholzbalken, schilfgedeckten Dächern, Mauersteinen aus Ton, Schlamm und Schilf sind noch bestens erhalten. Über diese Pracht wacht die imposante alte Kathedrale. In der liebevoll restaurierten Casa Spagnola wandelst du auf den Spuren der Aragonesen.

ESSEN & TRINKEN

6 Al Tonno di Corsa

Wenn du schon nach Carloforte übersetzt, musst du den Thunfisch probiert haben, den es nur noch hier gibt – das Gros des vor der Insel gefangenen Fischs wird als Delikatesse nach Japan exportiert. Thun mit Bohnen, ein Thunfischbrotsalat *cappunadda* als *antipasto*, die Couscous-Spezialität *cascà* als *primo* und als *secondo* ein Thunfischfilet. ***Infos:*** *Di–So | Via Marconi 47 | Carloforte | Tel. +39 07 81 85 51 06 | tonnodicorsa.it | €€€*

7 Rubiu Birrificio Artigianale

Das hauseigene Bier wird direkt vor Ort gebraut, die Pizza mit Slowfood-Belag gibt es auch mit Basilikum- oder Safranteig – superlecker! ***Infos:*** *tgl. 19–24 Uhr | Via Bologna | Sant'Antioco | WhatsApp +39 346 7 23 46 05 | rubiubirra.it | €€*

8 Bar Trattoria A La Playa

In der gemütlichen Trattoria an der Sandbucht von Cala Sapone sind die Ravioli selbst gemacht, der Fisch wird vom österreichischen Wirt Fritz persönlich am Grill zubereitet! ***Infos:*** *tgl. | Loc. Cala Sapone | Sant'Antioco | Tel. +39 34 73 71 95 60 | bar-trattoria-a-la-playa.business.site | €*

FISCH FÜR DIE WELT

Der Thun von Carloforte ist ein Exportschlager.

EINKAUFEN

9 Rosso di Mare

In Ninas Werkstatt werden aus Korallen in präziser Feinarbeit Ohrringe, prächtige Ketten und korallenrote Armbänder gefertigt. ***Infos:*** *tgl. 10–13 und 18–21 Uhr | Via Pastorino 1 | Carloforte | Tel. +39 07 81 85 65 81 | Instagram: rossodimare*

STELL- & CAMPINGPLÄTZE

10 Komfortplatz am Meer

Professionell organisierter, perfekt parzellierter Campingplatz. Der große Pool hat einen herrlichen Meerblick. Der nahe Strand und die Felsküste sind ein Paradies für SUP- und Schnorchelfans.

Camping Tonnara

€€€ | Loc. Cala Sapone
Tel. +39 07 81 80 90 58 | campingtonnara.it/de
GPS: 39.006546, 8.386943

- ***Größe:*** *8 ha, 175 Stellplätze und 43 Mobilheime und Appartements*
- ***Ausstattung:*** *Bar, Pool, Restaurant, Pizzeria, Entsorgung, Animation zur Saison, WLAN, Tennis, Fussball, Volleyball, SUP-Verleih, Joga-Kurse, Boccia, Kinderspielplatz*

11 Stellplatz an der Seifenbucht

Einfacher als am nahen Campingplatz geht es bei Mario und Pinella zu. Schattige Oliven schützen die wenigen Stellplätze gleich hinter der Bucht von Cala Sapone („Bucht der Seife").

Mario e Pinella

€ | Loc. Cala Sapone
Tel. +39 34 73 01 73 61 und +39 32 84 77 22 59 | marioepinella.it/camper.html
GPS: 39.009354, 8.386613

- ***Größe:*** *0,1 ha, 6 Stellplätze*
- ***Ausstattung:*** *Strom, Camperservice, Bar, Duschen und WC, Restaurant um die Ecke.*

12 Area camper Vittoriano

Einfacher, sauberer Stellplatz vor Calasetta. Nicht wundern, wenn dir eine Gans beim Frühstücken zuschaut!

Area Camper Vittoriano

€ | SS126 dir. – Loc. Rio Cabriolu | Calasetta | 6 km westlich von Sant'Antioco
Tel. +39 333 3 77 34 87
GPS: 39.087255, 8.392208

- ***Größe:*** *0,8 ha, 50 Stellplätze*
- ***Ausstattung:*** *Strom, WC und Duschen, Licht, Fahrradverleih, Camper-Service*

Spot 11

Portixeddu
Am Ende der Insel die Einsamkeit erleben

Das endlos lange Sandband von Portixieddu war mal eine Dünenlandschaft, heute sorgt ein Pinienwald dafür, dass es dir hier nur bei starkem Mistral ständig den Sand um die Nase weht. Ansonsten findest du hier vor allem eines: nichts! Die kleine Feriensiedlung Portixeddu erwacht nur im Sommer zum Leben, ansonsten hast du vor allem Strand, Sand, Sonne und Schirmpinien. Weiter im Inland liegt die kleine ehemalige Bergarbeitergemeinde Fluminimaggiore im touristischen Abseits Sardiniens, bietet aber eine gute Infrastruktur.

P *Parcheggio di Portixeddu, GPS 39.4415154, 8.4101021*

PECORA HEISST SCHAF

Hier würden sich Fuchs und Hase Gute Nacht sagen, wäre es nicht das Kap des Schafs!

AKTIVITÄTEN & SIGHTSEEING

1 Das Ende der Welt auskundschaften

Mit der Stichstraße hört Sardinien auf. Wind und Wetter haben der Landzunge **Capo Pecora** (Kap des Schafs) mächtig zugesetzt. Richtig einsam wird es, wenn du einem Trampelpfad Richtung Norden folgst. An der Spiaggia delle Uova liegen riesengroße Kieselsteine, die wie Dinosauriereier aussehen. Noch weiter die Küste entlang bietet sich eine verwaschene Stein- und Felslandschaft aus bunt übereinandergestapelten Granitquadern, als hätten hier die Dinos mit Bauklötzen gespielt. ***Infos:*** *Große Schilder weisen auf das Campingverbot hin, das hier nur selten eingehalten wird.*

2 Im Strandparadies Scivu abhängen

Eng und mit einem herrlich schönen Ausblick führt dich die Asphaltpiste an den seichtesten Strand der über 40 km langen Costa Verde. Scivu – das ist grobkörniger goldgelber Sand in leuchtende Farben. Und wenn du dich an der Küste Richtung Süden bewegst, wirst du kaum einer Menschenseele begegnen.

Insider-Tipp

Lange parken mit Meerblick

Auf dem großen, kostenpflichtigen Parkplatz oberhalb von Scivu gibt es viel Platz für Camper und Duschen mit Münzeinwurf. Und am nächsten Morgen Cappuccino an der Strandbar!

3 Das Museo Mulino durchstreifen

Die alte Dorfmühle von **Fluminimaggiore** ist ein kleines Heimatmuseum, in dem du alte Handwerkerwerkzeuge bestaunen kannst. Dorfbewohner haben Omas Alltagsgegenstände für ein buntes Sammelsurium aus dem Sardinien von anno dazumal gespendet. ***Infos:*** *Di–So 10–13 und 15–18 Uhr, Juli/Aug. bis 20 Uhr | 3 €, Kinder 2 € | Tel. +39 34 78 17 49 89 | startuno.it* ***Parken:*** *großer Parkplatz*

4 Tempio di Antas bewundern

Mitten auf der grünen Wiese im Antas-Tal haben die Römer einen prächtigen Tempel errichtet, von dem heute noch die Säulen und der Fries stehen. Ein kurzer Spaziergang führt auf den

REGENTAG – UND NUN?

5 Abtauchen in die Grotta Su Mannau

Wenn's schon regnet, dann kannst du dir das Wasser auch gleich unter der Erde anschauen! In der großen Schaugrotte glitzern Kristalle und Stalagmiten, haben sich in der Sala Pisolitti Kalkablagerungen zu Perlenkugeln geformt, darunter gurgelt ein Bach. Schon die Nuraghier und Römer hatten hier einen Wassertempel errichtet. ***Infos:*** *Ostern–Okt. 9.30–17.30 Uhr, im Sommer 1 Std. länger | mit Führung 12 €, Kinder 7 € | von der SS126 ausgeschildert | Tel. +39 34 75 41 36 24 | sumannau.it*

Berg Conca S'Omu, wo man in einem schattigen Steineichenwäldchen die Reste des **römischen Steinbruchs** *(cave romane, area archeologica di Antas)* bewundern kann. Eine alte **Römerstraße** ist heute ein 1,5-stündiger **Trekkingpfad** zur Grotta Su Mannau. ***Infos:*** *tgl. ab 9.30, Nov.–Mai bis 16.30, April–Juni, Okt. bis 17.30, Juli–Sept. bis 19.30 Uhr | 4 €, Kinder 3 € | Tel. +39 34 78 17 49 89 | startuno.it* ***Parken:*** *von der SS126 gut ausgeschildert, großer Parkplatz*

ESSEN & TRINKEN

6 Warung Beach Club & Restaurant

Auf dem Weg zur schicksten Bar der Westküste musst du durch die verlassenen Erzwaschanlagen von Masua. Zur Belohnung warten leckere Meeresfrüchteküche und leichte Snacks sowie ein Premiumblick auf die Kalkinsel von Pan di Zucchero. Außerdem kann man Sonnenschirme, Kanus, Tretboote, Schlauchboote und SUPs leihen. ***Infos:*** *tgl. 9–24 Uhr | Masua Beach | Nebida | Tel. +39 392 8 19 79 64 | warungbeach.it | €€€*

7 Bora Bora Pizzeria Ristorante

Der Blick macht's! Hoch über der Feriensiedlung von Portixeddu klebt dieses einfache Restaurant am Hang. Am besten schmeckt hier die Pizza! ***Infos:*** *tgl. 19–23 Uhr | Via Pubusinu | Fluminimaggiore | Tel. +39 348 6 95 89 74 | €*

8 Pizzeria da Gennaro

Fluminimaggiore ist kein Touristenort, und wo die Einheimischen ihre Pizza holen, kannst du nichts falsch machen: leckere Teigscheiben, kross gebacken und großzügig belegt, zum Mitnehmen! ***Infos:*** *Di–So ab 18 Uhr | Via Vittorio Emanuele 187 | Fluminimaggiore | Tel. +39 39 11 77 55 68 | €*

WEITSICHT UND TIEFGANG

Auf dem Platz La Nuova Colonia hast du Meerblick und einen Bergbaustollen gleich um die Ecke.

9 Trattoria del Sole e della Luna

Unscheinbare Trattoria mit inneren Werten: Wenn du nach dem endlosen Vorspeisenmedley noch Platz im Magen hast, solltest du die Maloreddunudeln oder Ravioli versuchen. ***Infos:*** *tgl. 19–23 Uhr | Loc. Santa Giusta 6 | Buggerru | Tel. +39 34 78 84 63 10 | €€*

STELL- & CAMPINGPLÄTZE

10 Juwel im Eukalyptushain

Fein und super gepflegt ist dieser kleine Campingplatz an der Landstraße nach Fluminimaggiore. Dein Womo kannst du unter schattigen Eukalyptusbäumen abstellen, der Strand ist einen knappen Kilometer entfernt.

Ortus de Mari

€€ | Strada Provinciale 83 | Buggerru
Tel. +39 07 81 5 49 64
GPS: 39.440889, 8.422848

▶ **Größe:** *1 ha, 50 Stellplätze*
▶ **Ausstattung:** *Ver- und Entsorgung, Duschen und Toiletten, Kinderspielplatz, Bar*

11 Eine Nacht in Cala Domestica

Kein Handynetz und damit ideal zum Digital Detox für eine Nacht! Meide diesen Platz aber am Wochenende, dann ist auch die traumhafte Bucht heillos überlaufen!

Sosta Camper Su Marxani

€ | Cala Domestica
Tel. +39 078 11 89 65 25
GPS: 39.371798, 8.383196

▶ **Größe:** *0,5 ha, 50 Stellplätze*
▶ **Ausstattung:** *Ver- und Entsorgung, Duschen, Toiletten, Bar*

12 Stellplatz am Bergbaustollen

Ziemlich unwirklich: Um herzukommen, kurvst du erst mal durch eine alte Bergwerkssiedlung. Der einfache Platz ohne Schatten liegt auf drei Ebenen oberhalb des Masua-Strandes, nebenan der ehemalige Verladehafen von Porto Flavia– die Rohstoffe aus dem Bergbaustollen landeten über ein Förderband direkt an Bord der Schiffe (Führungen stündlich).

La Nuova Colonia

€ | Tel. +39 349 5 34 93 25
GPS: 39.334185, 8.420635

▶ **Größe:** *0,5 ha, 50 Stellplätze*
▶ **Ausstattung:** *Camperservice, Bar am Warung Beach*

SCHÖNES FARBENSPIEL

Eng drängen sich die bunten Altstadthäuser von Bosa hangaufwärts zum Castello Malaspina.

Tour D

Auf in das touristische Niemandsland der Insel!
Von Piscinas nach Alghero

Von der wilden Costa Verde geht es, vorbei an verlassenen Minendörfern, ab ins Hinterland Südsardiniens. Die Chamäleonlandschaft der Marmilla wechselt zu jeder Jahreszeit ihr Gesicht. Hier haben die Ursarden einige ihrer wichtigsten Burgbauten hinterlassen. Auf dem Sinis gibt es kräftig-schmackhaften Fisch und rosa Flattervieh, die wunderschönen Flamingokolonien. In der Kleinstadt Bosa an Sardiniens einzigem schiffbarem Fluss wird gut und oft gefeiert – und die Küstenstraße nach Alghero gehört zu den schönsten der Insel.

Strecke 337 km

Reine Fahrzeit 8 Std.

Streckenprofil gemütliche Kehren und lange Landstraßenstrecken durch sardische Kulturlandschaft; von Bosa bis Alghero ist etwas Fahrkönnen angesagt

Empfohlene Dauer 8–10 Tage

Anschlusstouren C E

FACTS

Tour D im Überblick

Mare Mediterraneo

Tour-Highlights

Den spektakulären Sonnenuntergang am *Torre dei Corsari* genießen ▶ S. 109

Auf dem Urzeit-Sportplatz *Santa Vittoria* wandeln ▶ S. 115

Wildpferde auf der *Giara di Gesturi* spotten ▶ S. 115

Am Reiskornstrand *Is Arutas* deine Zelte aufschlagen ▶ S. 119

In *S'Abba Druche* das ausschließlich Campern vorbehaltene Tal bewohnen ▶ S. 125

Sòssu/Sorso
SASSARI
Belchidda/Berchidda
Òsile/Osilo
Oscheri/Oschiri
SS131
SS672
SS291var
Piaghe/Ploaghe
S'Ulumedu/Olmedo
Uri
SS729
Otieri/Ozieri
Ìtiri Cannedu/
Ittiri
15
Thiesi
Mores
Alghero
Seite 138
Biddanoa Monteleone/
Villanova Monteleone
Benetutti
Putumajore/
Pozzomaggiore
Bonolva/
Bonorva
Bono
Bosa
Seite 122
14
Macumere/
Macomèr
Oroteddi/
Orotelli
SS131DCN
Mare di
Sardegna
Otzana/Ottana
Cuglieri
SS131
Sèdilo/Sedilo
Gavoi
Abbasanta
Santu Lussurzu/
Santu Lussurgiu
Santa Caterina di Pittinurri
Paulle/Paulilatino
Santeru/
San Vero Milis
Tonara
Arriora/Riola Sardo
Fordongianus
Samugheo
Sinishalbinsel
und Is Arenas
Seite 118
13
Sabarussa/
Solarussa
Aristanis/
Oristano
Laconi
Golfo di
Oristano
SS131
Giara di
Gesturi
Arborea
Terraba/Terralba
Ìsili/Isili
Uras
12
Torre dei Corsari
Arcidanu/
San Nicolò d'Arcidano
Mandas
Barumini
Seite 114
Montevecchio
Seddori/Sanluri
Piscinas
Arbus
Gùspini/Guspini
Senorbì
SS131
Serrenti
Samassi
Biddacidru/
Villacidro
Serramanna
Frùmini Majori/
Fluminimaggiore
10 km

D Tourenverlauf

Start  **Piscinas**

Optionaler Anschluss: Tour 

30 km Noch sagst du der Costa Verde nicht Arrivederci! Von Ingurtosu geht es nach rechts Richtung Arbus (die Straße nach links sieht zwar verlockend kurvig und kurz aus, ist aber nur für Offroader passierbar). Die kurvige, gleichwohl gut ausgebaute SS126 führt dich nach Arbus. In dem Bergstädtchen solltest du dich tunlichst auf der Hauptstraße (Ausschilderung Guspini) halten, die engen Nebenstraßen machen mit dem Camper keinen Spaß. Kurz hinter dem Hotel Meridiana folgst du den Schildern Richtung Montevecchio.

Montevecchio

Vom Zentrum der ehemaligen Bergarbeiterstadt ist außer ein paar verfallenen Verwaltungsgebäuden und einer Tankstelle von anno dazumal nicht viel übrig. Dafür kannst du hier auch eine Nacht ungestört stehenbleiben! Wenn du ein wenig in die sardische Bergwerksgeschichte eintauchen möchtest, steuere ein paar Kurven bergab die Miniera Montevecchio an.

Miniera Montevecchio
Hier findest du Industriearchäologie im Märchenwald! Das ehemalige Industriegebiet ist so groß, dass gleich fünf geführte Touren angeboten werden, zum Beispiel durch die beeindruckenden Säle der alten Direktorenvilla, durch die Maschinenräume oder mit etwas Glück sogar in den Stollen von Anglosardo.

i *im Winter am Wochenende, Juli/Aug. tgl. geöffnet, stark wechselnde Termine siehe Website | pro Führung 5 € | Guspini | Tel./Whatsapp +39 33 84 59 20 82 | Touren online buchbar unter minieradimontevecchio.it*

P *großer Parkplatz in Montevecchio (GPS 39.556971, 8.570479) oder auf dem Werksgelände (Entrance 1 | GPS 39.555117, 8.581010)*

27 km Von jetzt an ist die Kurven- und Küstenstrecke SP4 deine treue Begleiterin. Die einsame Route führt dich bis nach Torre dei Corsari, wo ein einsamer Wachturm über das gleichnamige Strandparadies wacht.

Torre dei Corsari

Die Feriensiedlung ist für ihren namensgebenden Korsarenturm und die unendlich scheinende Strandlandschaft bekannt.

P *Parkplätze vor dem Wachturm Flumentorgiu,39.683321, 8.446197. Wer nach diesem Ausblick Lust auf einen Strandbummel hat, fährt einfach die steile Strandstraße Viale della Torre hinab.*

Den besten Blick auf die unendlichen, goldgelben Dünen hast du vom Torre di Flumentorgiu aus. Zum Sonnenuntergang färbt sich die Wüstenlandschaft rostrot!

63 km Hinter Torre dei Corsari beginnt eine gottverlassene Region. Vorbei an Sant'Antonio di Santadi steuerst du schnurstracks am Flüsschen Flumini Mannu entlang, vorbei an San Nicolò d'Arcidano und bei Uras über die Schnellstraße SS131 (E25) hinweg über die SS442 durch die endlos scheinende Kulturlandschaft des Campidano und der Marmilla. Auf dem Weg dorthin geht es vorbei an Turri über die SP51, 43, 46 und 5, dem Blütenparadies Sardiniens. Im Februar und März leuchten hier Tulpen in allen Formen und Farben, dass so mancher Holländer neidisch wird. Der Tulpengarten ist auch ein echtes Selfieparadies *(tulipaniinsardegna.com)*. Im November leuchten hingegen die Safrankrokusse herrlich lila in unendlichen Blütenreihen auf den Feldern.

WENIGER IST MEHR

Ein paar Ferienhäuser, ein paar Liegestühle am Strand – sonst nur Sand, Meer und Dünen: Torre dei Corsari.

Dein nächstes Ziel ist Barumini, einst Hauptstadt der sardischen Hochkultur der Nuraghier.

Spot 12

Barumini
Wo die alten Sarden herrschten ▶ S. 114

25 km Von Barumini führt dich die SS197 in weiten Kurven an der Ostflanke der Giara di Gesturi über Nuragus und Nurallao (ab da SS128) in das Wasserparadies von Laconi.

Laconi

Erstaunlich, wie viel Wasser hier aus allen Ecken und Enden sprudelt! Der herrlich schattige **Parco Aymerich** wurde einst vom gleichnamigen Feudalherrn der Region angelegt und bietet einen exotischen Garten mit Wegen und Kaskaden sowie den Ruinen des ehemaligen Adelspalastes.

P *Nicht bis zu den engen Parkplätzen am Parco Aymerich fahren! Ein großer Park- und Stellplatz befindet sich am Amphitteater GPS 39.856369, 9.051968.*

51 km Jetzt liegt eine längere Durststrecke vor dir. Durch eine endlose Landschaft aus Hügeln und Feldern steuerst du über Asuni, Samugheo und Allai in langen Kurven geradewegs auf Fordongianus zu.

Fordongianus

Die alten Römer fühlten sich auf Sardinien vor allem an der Küste wohl, aber diese **heißen Quellen** im Inland wollten sie sich nicht entgehen lassen. Tu es ihnen gleich! Die wohligen 54 °C des Thermalwassers ergießen sich in ein Freiluftwasserbecken, das frei zugänglich ist. Die wuchtigen Gewölbereste eines antiken Hallenbads aus der Römerzeit sind eingezäunt und nur mit Eintrittsticket erkundbar *(Forum Traiani | forumtraiani.it | tgl. 9.30–13 und 15–18 Uhr | 6 €, Kinder 3 €)*. Auch buchbar als Kombiticket mit einem herrlichen Bauernhaus im spanischen Stil (Casa Aragonese) sowie der romanischen Chiesa di San Lussurio etwas außerhalb von Fordongianus.

P *In Laufnähe befindet sich der kostenlose Stellplatz der Gemeinde bei GPS 39.996873, 8.813354*

Auf der gegenüberliegenden Flussseite steht ein modernes Spa-Hotel, in dem du die Thermalwässerchen kommerziell aufbereitet genießen kannst (termesardegna.it).

45 km Nach so viel Inland wieder ab an die Küste! Auf der SS388 über Ollastra, Zerfaliu, Solarussa und bei Tramatza über die Schnellstraße SS131 (E25) hinweg. Weinliebhaber, Gin- und Mirto-Freunde nehmen für den Vernaccia di Oristano gerne einen Umweg in Kauf: **Silvio Carta** keltert südlich von Zeddiani aus der DOC-Traube einen je nach Ausbau süßen oder trockenen Weißwein, der nur hier im Tirso-Tal gedeiht. Außerdem wird hier auch Giniu, ein Gin aus sardischem Wacholder, destilliert, der zu den besten Italiens gehört *(Strada Provinciale 12, km 7,800, Zeddiani | silviocarta.it | Tel. +39 078 33 41 03 14 | Mo–Fr 8.30–12 und 14–17, Fr nur bis 16 Uhr | GPS 39.970400, 8.616234)*. Den Schildern Richtung Bosa folgend umfährst du im großen Bogen San Vero Milis und steuerst schnurstracks auf das Strandparadies Is Arenas zu, vorbei an der Abzweigung nach Santu Lussurgiu.

Spot 13 **Sinishalbinsel und Is Arenas**
Steppen, Steilküsten, Feuchtgebiete und Reiskornstrände ▶ **S. 118**

7 km Von Is Arenas geht es weiter Richtung Norden – aber nur kurz, denn in dem Weiler Santa Caterina di Pittinurri, der mehr Buchstaben im Ortsnamen als Einwohner hat, solltest du Halt machen.

Santa Caterina di Pittinurri

Klares Wasser, ockerfarbener Sand mit großen Kieseln, Picknickbänke und den sympathischen SUP-, MTB- und **Kanuverleiher Giampaolo Campus** gibt es hier!

i *Santa Caterina Sports & Natura | Santa Caterina di Pittinurri | Tel. +39 345 0 90 99 49 | Facebook: santacaterinasportenatura*

P *Wenn am Strand einer der wenigen Parkplätze frei ist, hast du Glück! Weitere Plätze gibt es bei der Apotheke (GPS 40.104623, 8.491445). Der weiter nördlich ausgeschilderte Parkplatz ist für große Camper zu eng.*

Cala di Su Riu 'e Sa Ide

Von Torre del Pozzo über S'Archittu bis Santa Caterina hat die Witterung ganze Arbeit geleistet und Höhlen und Buchten in die Küste gefräst – ein absolut spektakulärer Anblick! Der aus Mergel bestehende, kleine Felsfjord Cala di Su Riu 'e Sa Ide mit seinen spektakulären Felstreppen ist über einen kurzen, steilen Küstenspaziergang Richtung Norden zu erreichen. Vergiss deine Badeschuhe nicht, wenn du ins Wasser springen willst!

P *in Santa Caterina di Pittinurri Richtung Hotel La Baja abbiegen und kurz vor dem Camperverbotsschild bei GPS 40.109350, 8.488464 parken*

16 km Kurze Relax-Etappe für den Steuermann: Schnurgerade führt die Landstraße SS292 Richtung Cuglieri. Um das verschlafene Bergstädtchen anzuschauen, nimm am besten nicht die Abfahrt am ersten, sondern die am zweiten Kreisverkehr!

Cuglieri

Der Ort am erloschenen Vulkanmassiv Montiferru zählt zu den renommierten Olivenölproduzenten der Insel. Das hier gewonnene Olio Extra Vergine d'Oliva wird in die ganze Welt exportiert. Bestens ausgeschildert ist beispielsweise der Laden der **Azienda Olearia Peddio** auf dem Corso Umberto. Hier kannst du das ausgezeichnete Olivenöl mit kräftiger Note direkt probieren. Danach ab zur Kirche der Schneemadonna! Der Kirchenvorplatz der doppeltürmigen und schneeweißen Kathedrale **Santa Maria della Neve** aus dem späten 15. Jh. bietet einen herrlichen Rundumblick auf die Küste!

P *Verfange dich bloß nicht in der engen Altstadt! Besser den Ausschilderungen Richtung Fonti di Tiu Memmere folgen und auf der Piazza vor dem unübersehbar großen, ehemaligen Priesterseminar bei GPS 40.187369, 8.569768 parken.*

27 km Wo Cuglieri seine Oliven anbaut, siehst du links und rechts der SS292 in Richtung **Tresnuraghes.** Kurz nach dem Ortsausgang führt eine Abzweigung nach links Richtung Porto Alabe bergab. Die Fahrt auf die Küste zu und der Strand sind schöner als die Feriendorfsiedlung, die schon bessere Zeiten gesehen hat. Dafür kannst du hier aber einen Badestopp einlegen. Ein unscheinbarer Abzweig führt nach links Richtung Bosa. Noch einmal links Richtung Bosa Marina, geht es in geschwungenen Kurven ab Richtung Meer!

Spot 14

Bosa

Bunte Häuser, viele Feste, einsame Küsten – das ist Bosa! ▶ S. 122

46 km

Die letzte Etappe dieser Tour ist zugleich die schönste: Die herrliche Küstenstraße von Bosa nach Alghero. In der idyllischen Küstenlandschaft lassen sich felsige Ufer, kleine Buchten, bizarre Felsformationen und immer wieder das tiefblaue Meer entdecken. Kein Wunder also, dass die Strecke zu den aufregendsten Straßen der Insel zählt. Schade, dass es unterwegs viel zu wenige Haltemöglichkeiten gibt! Als Nächstes erwartet dich Sardiniens katalanische Seite: die Hafenstadt Alghero an der Korallenriviera.

Ziel & Spot 15

Alghero

Ganz und gar nicht sardisch ▶ S. 134

Optionaler Anschluss: Tour E

ALGHERO LEBT

Die schönste Küstenstadt der Insel bietet tagsüber Siesta und abends Fiesta.

Barumini
Wo die alten Sarden herrschten

Die Marmilla ist mit der angrenzenden Campidano-Ebene schon seit der Römerzeit Sardiniens Kornkammer. Kilometerweit nichts als Felder, Weinberge und Olivenhaine. Grün wie Irland im Winter und Frühjahr, strohgelb und staubig von Mai bis Oktober. Keine Region der Insel wechselt ihr Farbenkleid so wie diese Region, in der im Sommer oft tagelang 40 °C und mehr herrschen. Hier haben die alten Nuraghier gewaltige Festungen und Spielstätten errichtet, und auf den Hochebenen leben heute noch fast ungestört unzählige Wildpferde.

EINZIGARTIG

Mitten in der Marmilla steht Sardiniens einziges UNESCO-Weltkulturerbe: Su Nuraxi in Barumini.

AKTIVITÄTEN & SIGHTSEEING

1 Hochkultur unter dem Hubbel entdecken

Nach tagelangen Regenfällen geriet 1949 ein Buckel in der Landschaft ins Rutschen, und alte Mauern und Grundrisse wurden sichtbar. Freigelegt wurde die gewaltige Nuraghierfestung **Su Nuraxi,** die seit 1997 zum Unesco-Weltkulturerbe gehört. ***Infos:*** *Fondazione Barumini | tgl. ab 9 Uhr bis 1 Std. vor Sonnenuntergang, nur mit Führung, bei Regen geschl. | 15 €, Jugendliche 13–17 J. 12 €, Kinder 7 € | fondazionebarumini.it* ***Parken:*** *großer Parkplatz am Nuraghen bei GPS 39.705419, 8.993121*

Insider-Tipp

Sag mal „su nuraschi"

Im Sardischen wird der Buchstabe X wie „sch" ausgesprochen.

2 Weltklassesicht vom Wettkampfplatz genießen

Die Basaltebene **Giara di Serri** war eines der wichtigsten Zentren der Nuraghenkultur. Am Rande des Hochplateaus liegt neben dem Tempelbezirk und einem tiefen Brunnenheiligtum ein großer ursardischer Wettkampfplatz. Besonders beeindruckend ist es hier in der Dämmerung, wenn die alte mittelalterliche Kapelle von **Santa Vittoria** über dem flachen Hügelland der Marmilla zu schweben scheint. ***Infos:*** *tgl. 9 Uhr–Sonnenuntergang | 5 €, Kinder 6–17 J. 3 € | | acropolinuragica.it | 20 km östlich von Barumini*

3 Durch Korkeichenhaine zu wilden Hengsten radeln

Die nördlich von Barumini gelegene Basalthochfläche **Giara di Gesturi** ist über und über mit Macchiawald und Korkeichen bewachsen. Im Winter bilden sich über dem undurchlässigen Basalt große Wasserflächen, die im heißen Sommer ein paar Ziegen, Schafen und halbverwilderten Hausschweinen sowie einer Herde von über 600 Wildpferde Wasser spenden. An einem alten Campingbus kann man gegen eine Spende klapprige Mountainbikes ausleihen, um die Hochebene zu erkunden. ***Infos:*** *19 km nördlich von Barumini* ***Parken:*** *Auf die Giara führen mehrere einspurige Straßen; die beste Ausgangspositionen für Camper ist die steile Auffahrt ab Gesturi, dort befindet sich ein großer Parkplatz.*

REGENTAG – UND NUN?

4 Urzeitturm im Untergeschoss

Noch ein Nuraghe? Ja, aber dieser hier ist überdacht, denn er wurde unter den Grundmauern der **Casa Zapata,** eines alten spanischen Adelshauses, gefunden. Trockenen Fußes kannst du über die alten Nuraghenmauern wandeln und dir im archäologischen Teil des Museums die Nuraghenkultur erklären lassen. ***Infos:*** *Fondazione Barumini | tgl. ab 10 Uhr bis 1 Std. vor Sonnenuntergang | 15 €, Jugendliche 13–17 J. 12 €, Kinder 7 €, , Kombiticket mit Su Nuraxi*

5 Weiße Nuraghe bestaunen

Mitten in der Landschaft von Isili ragt der aus glitzernd hellem Kalkstein errichtete Nuraghenturm von **Is Paras** hervor. Sein Innenraum ist knapp 11 m hoch und der Turm so elegant geraten, dass bei seinem Anblick auch heute noch so mancher Architekt neidisch wird. ***Infos:*** *Okt.–April Di–So 10–13 und 15–18, So bis 17 Uhr | 3 €, Kinder 2 € | 19 km nordöstlich von Barumini* ***Parken:*** *ausreichend Parkplätze bei GPS 39.747026, 9.107812*

ESSEN & TRINKEN

6 Il Cavallino della Giara

Keine Touristenfalle: Hier direkt am Nuraghen von Barumini gibt es leckere, hausgemachte sardische Landküche mit besten Zutaten zu fairen Preisen. Auch Minigolf kann gespielt werden. ***Infos:*** *Di–So | Viale Su Nuraxi 2 | Barumini | Tel. +39 070 9 36 81 22 | ristorantecavallinodellagiara.com | €€*

7 Ristorante Sa Giara

Die Riesen von Ussaramanna sind inselweit bekannt, wer sich also für eine *pizza gigante* entscheidet, bekommt eine unglaublich große Pizza serviert, die über drei Pizzateller hinausragt. Selbst die *pizze normali* sind weit größer als die Norm. ***Infos:*** *Di–So 19–23 | Via Roma 2 (am Ortseingang) | Ussaramanna | 10 km westlich von Barumini | Tel. +39 07 83 9 52 54 | Facebook: Bar Ristorante Pizzeria Sa Giara | €*

8 Sa Scolla

Im Trend ist „Pizza Gourmet": Der Teig für die Pizza muss drei Tage gehen und wird mit hochwertigen Zutaten aus der Region belegt. Ideengeber war der sardische Sternekoch Roberto Petza, der hier eine Restaurantfachschule betreibt.

ERSATZ FÜR WILDE HENGSTE

Wenn du keine eigenen Räder dabeihast, kannst du auf der Giara di Gesturi einen klapprigen Drahtesel leihen.

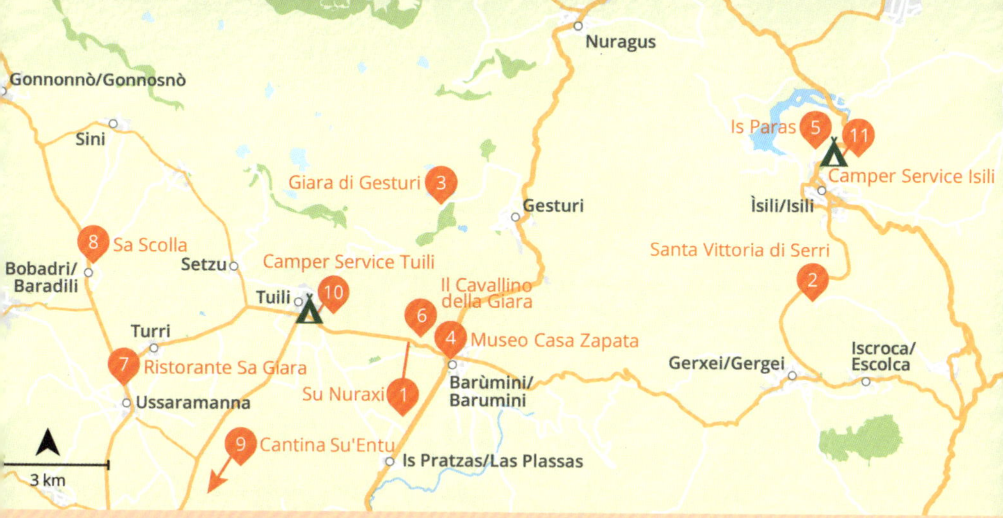

Ideal für den kleinen Hunger, aber nicht immer für den kleinen Geldbeutel. ***Infos:*** *Di–So abends, So auch Mittagstisch | Via Santa Margherita 17 | Baradili | 12 km westlich von Barumini | Tel. +39 07 83 9 50 25 | sascolla.com | €€€*

EINKAUFEN

9 Cantina Su'Entu

Erst seit 2013 auf dem Markt, hat die Spitzencantina aus Sanluri schon bald preisgekrönte Tropfen hervorgebracht. Die Weinverkostungen dauern mindestens eine Stunde, die wichtigste Frage danach ist: Wer fährt? ***Infos:*** *Strada Provinciale 48 km 1,8 zwischen Sanluri und Lunamatrona | 26 km südwestlich von Barumini | Tel. +39 07 07 05 04 10 | cantinesuentu.com*

STELL- & CAMPINGPLÄTZE

10 Praktisch am Rand von Tuili

Stellplätze im Inland sind Mangelware! Hier in Tuili ist man aber ganz gut bedient. Für eine Nacht kann man auf dem betonierten, sauberen Stellplatz sicher stehen und entsorgen. Im Dorf gibt es eine Pizzeria, ein Restaurant und einen Dorfladen für das Nötigste in Laufnähe.

Camperservice Tuili

Tuili, am Ortseingang von Barumini kommend vor dem Friedhof gleich links abbiegen, 5 km westlich von Barumini
Tel. +39 07 09 36 42 77 oder +39 348 2 92 49 83 | parcodellagiara.it/speciale-camper/
GPS: 39.710935, 8.961331

- **Größe:** *0,1 ha, 8 Stellplätze*
- **Ausstattung:** *Videoüberwachung*

11 Weitgehend charmefrei

Trotzdem sicher und kostenlos ist der Stellplatz neben dem Sportplatz und dem örtlichen Schwimmbad von Isili. Zum Nuraghen Is Paras ist es nur ein Katzensprung. Bis ins Zentrum läufst du 10 Min., dort gibt es Supermärkte und Bars.

Camperservice Isili

Strada Statale 128, am Ortsausgang Richtung Laconi | Isili | 19 km nordöstlich von Barumini
GPS: 39.747968, 9.110503

- **Größe:** *0,1 ha, 7 Stellplätze*
- **Ausstattung:** *Duschen im Schwimmbad nebenan (Piscine Acquamarina Isili), kein Wasser und Strom.*

Sinishalbinsel und Is Arenas

Steppen, Steilküsten, Feuchtgebiete und Reiskornstrände

Der Stagno di Cabras ist das wohl fischreichste Gewässer Sardiniens. Königin der Brackseen ist die Meeräsche, die du hier fast mit bloßer Hand fischen kannst! Die Sarden schätzen sie vor allem wegen seines Rogens, aus dem die Bottarga gemacht wird. Im Sommer sind die Salzseen der Sinishalbinsel fast ausgetrocknet, ab Herbst überwintern in ihrem kaum fußtiefen Wasser Abertausende rosa Flamingos. An der Küste liegen die Reiskornstrände von Is Arutas und Mari Ermi. Acht Kilometer lang und über zwei Kilometer breit ist der naturbelassene Sandstrand von Is Arenas.

NICHTS FÜR DAHEIM

So schön, dass der Sand streng geschützt ist: Die herrlichen Kieselkugeln von Is Arutas dürfen nicht mitgenommen werden.

AKTIVITÄTEN & SIGHTSEEING

1 Auf den Spuren antiker Hochkulturen wandeln

Am Capo San Marco scharen sich um die frühchristliche Kirche **San Giovanni di Sinis** ein paar Fischerhütten mit Schilfverkleidung. Hier liegt Tharros, die größte punisch-römische Stadt Sardiniens. Bisher hat man nur das Zentrum ausgegraben, aber man erkennt schon, wie imposant die Hafenstadt gewesen sein muss. ***Infos:*** *tgl. April, Mai, Okt. 9–18, Juni, Juli, Sept. 9–19 Uhr, Aug. 9–20 Uhr, im Winter Di–Sa 9–17 Uhr | 9 €, Kinder 5 € | 30 km südlich von Is Arenas | tharros.sardegna.it*

2 Kieselkugelbodyschmeichler

Reiskorngroße Quarzkiesel in tausenden Farben gibt es am berühmten **Is-Arutas**-Strand und in **Maimoni,** wo du auch zur Saison einsame Abschnitte findest. Gönne dir eine steinige Naturmassage! Sand mitnehmen streng verboten, empfindliche Geldstrafen drohen!
Infos: *30 km südöstlich von Is Arenas*
Parken: *Im Naturpark der Sinishalbinsel ist Parken nur auf ausgewiesenen Terrains gestattet; Juni–Sept. gebührenpflichtig, dafür dürfen Camper auch nachts stehen (an den Parksäulen die Option „Notturna“ auswählen).*

3 Rebellisch war gestern

Dem 21 km östlich von Is Arenas gelegenen **Oristano** gelang es unter der Herrscherin Eleonora von Arborea im 14. Jh., die sardische Westküste über Dekaden gegen die spanische Vorherrschaft zu verteidigen. In der belebten Fußgängerzone gibt es nette Geschäfte und Restaurants, die 1195 begonnene Cattedrale di Santa Maria Assunta sowie die Türme der ehemaligen Stadtmauer aus dem 11. Jh. ***Parken:*** *zentrumsnahe Parkplätze in der Via Ugo Foscolo | GPS 39.901912, 8.588876 und am Bahnhof (Stazione, Piazza Ungheria) bei GPS 39.901893, 8.603709*

Insider-Tipp
Die Nacht leben wie die Locals

Im Sommer mach es wie die Oristanesi und flaniere in den Abendstunden am Strandbad Torre Grande.

REGENTAG – UND NUN?

4 Steingiganten gucken

Das kleine Archäologische Museum von Cabras verbirgt rätselhafte neusteinzeitliche Entdeckungen: Die **Giganti di Monteprama,** bis zu zweieinhalb Meter hohen Steinkolosse, stammen aus dem 13.–9. Jh. v. Chr. und zählen damit zu den ältesten Steinplastiken des Mittelmeerraums – dabei wirken sie mit ihren verpeilt wirkenden, kreisrunden Augen, als seien sie einem neuzeitlichen japanischen Mangaheft entsprungen. ***Infos:*** *Museo Civico G. Marongu | tgl. 10–18, Juli–Sept. bis 19, am Wochenende bis 23 Uhr | 9 €, Kinder 5 € | 21 km südlich von Is Arenas | museocabras.it*

5 Durch Vulkankegel zum Mühlbach klettern

Korkeichen, Wildoliven, Nuraghen und endlose Trockenmauern säumen die Strecke nach **Santu Lussurgiu.** Von den Aussichtspunkten im Ort kannst du erkennen, wie die engen Gassen in einem erloschenen Vulkankegel angelegt wurden. Heimliche Attraktion des Bergdorfs ist der versteckte Wasserfall Istrampu de Sos Molinos, wo sich der Mühlenbach in eine kleine, wildromantische Schlucht stürzt. ***Parken:*** *Halte Ausschau nach einer Parkbucht auf der SP15 Richtung Bonarcado bei GPS 40.129848, 8.646343*

ESSEN & TRINKEN

6 Agriturismo Su Barroccu

Spanferkel vom offenen Feuer, in Cannonau-Rotwein geschmortes Wildschwein, aber auch: frischer Fisch vom Grill. Da merkt man eben, dass in Oristano die Fischerei eine lange Tradition hat. Gemüse und Obst stammen aus dem eigenen Bio-Garten, gegessen wird gemeinsam an der großen, langen Tafel. ***Infos:*** *tgl. mittags und abends | Strada Statale 292, km 117 | Riola Sardo | 10 km südöstlich von Is Arenas | Tel. +39 07 83 41 09 60 | subarroccu.it |* €€ ***Parken:*** *Achtung, sehr enge Einfahrt*

7 Bar Centrale Marongiu

Bei S'Archittu hat die Witterung ganze Arbeit geleistet und einen Felsbogen nebst Kanal in die Küste gefräst. Absolut spektakulär! Genießer lassen sich nach dem Spaziergang in der Bar Centrale Marongiu die Meeresfrüchteplatte schmecken – Panorama und Sonnenuntergang inklusive. ***Infos:*** *tgl. | Via Lungomare 32 | S'Archittu | 5 km nördlich von Is Arenas | Tel. +39 078 53 80 46 |* €€ ***Parken:*** *Die Einfahrt nach S'Archittu ist für Camper gesperrt, deswegen am Parkplatz am Ortseingang (GPS 40.089622, 8.492565) parken.*

BELLA SARDINIA

In Is Arenas kannst du vor allem eines tun – nichts! Wenn es mehr Action sein soll, gibt's Animation und Kinderclub.

8 Zia Beledda

In Cabras musst du Fisch gegessen haben! Der kommt bei Zia Beledda am besten in Form von *bottarga* – in dünne Scheiben geschnitten und mit Staudensellerie und Olivenöl angemacht oder über Spaghetti geraspelt auf Teller und Tisch. ***Infos:*** *Mi–Mo 13–15 und 20–22.30 Uhr | Via Amsicora 43 | Cabras | 20 km südöstlich von Is Arenas | Tel. +39 07 83 29 08 01 | ristoranteziabelledda.it | €€*

STELL- & CAMPINGPLÄTZE

9 Der Schattige

Viel Platz für Camper und Zelte unter Pinien und Eukalyptusbäumen im schattigen, hinteren Teil.

Is Arenas Camping Village 

€€€ | Località Is Arenas | Narbolia
Tel. +39 07 83 1 92 62 02 | isarenasvillage.com
GPS: 40.070216, 8.488505

▶ **Größe:** *8 ha, 120 Stellplätze, Tree Tents, Roulottes und 16 Bungalows*
▶ **Ausstattung:** *Bar, Swimmingpool, Restaurant, Pizzeria, Entsorgung, Mini-Markt*

10 Basis am Reiskornstrand

Praktische Basis fast direkt am Is-Arutas-Strand. Die Camperplätze liegen hübsch unter Akazien und haben in der ersten Reihe sogar Meerblick. Bis zum Strand läufst du 15 Minuten.

Camping Is Arutas 

€€ | Marina Is Arutas
Tel. +39 78 31 92 54 61 und +39 34 73 11 23 12 | campingisaruttas.it
GPS: 39.94915, 8.408321

▶ **Größe:** *12 ha, 175 Stellplätze, Mobilheime und Zelte*
▶ **Ausstattung:** *Bar, Restaurant, Pizzeria, Supermarkt, Pool, WLAN, Abendanimation, Kinderspielplatz*

11 Der große Familienfreundliche

Der Rundum-glücklich-Campingplatz in Is Arenas. Ein Steg führt durch die Dünen bis zum Meer. Auf dem Platz gibt es alles, was man für entspannte Clubtage braucht.

Camping Bella Sardinia 

Località Torre del Pozzo | Narbolia
Tel. +39 078 53 83 83
GPS: 40.07089, 8.494772

▶ **Größe:** *33 ha, 300 Stellplätze, Zelte, Bungalows und Mobilheime*
▶ **Ausstattung:** *Bar, Restaurant, Pizzeria, Supermarkt, großer Pool, Animation und Kinderclub im Sommer, Kinderspielplatz*

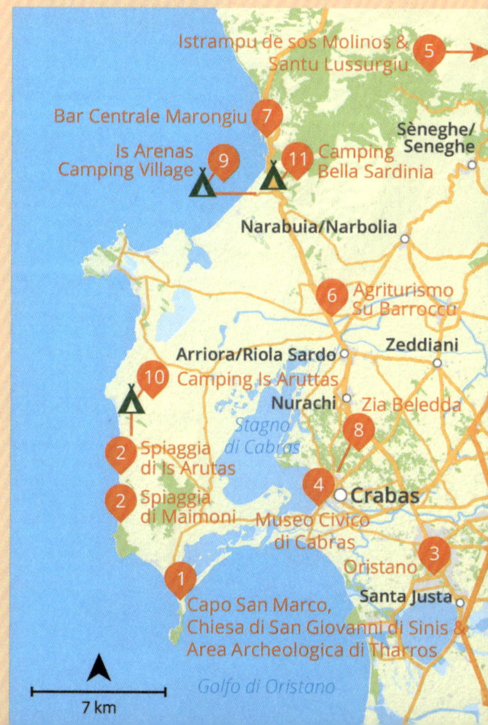

Bosa

Bunte Häuser, viele Feste, einsame Küsten – das ist Bosa!

Das farbenprächtige Bosa wirkt ein wenig wie ein Haufen Bauklötze, so kunterbunt ziehen sich die unzähligen bunten Häuschen den Burgberg hoch. Darunter liegt Romantik pur: Alte Fischerboote schaukeln sanft auf dem Temo, Sardiniens einzigem schiffbarem Fluss. Marina di Bosa heißt das ockergelbe Strandbad der mittelalterlichen Gerberstadt, eine der besten Badelocations der Region.

P *Am Schloss gibt es nur begrenzte Park- und Wendemöglichkeiten, deswegen parkst du am besten in der Unterstadt am südlichen Flussufer (GPS 40.294030, 8.501176) und steigst die engen Gassen zu Fuß hinauf.*

ZWISCHEN TEMO UND BURG MALASPINA …

… gibt es in Bosa viele bunte Ecken zu entdecken.

AKTIVITÄTEN & SIGHTSEEING

1 Mit der Bummelbahn überland kurven

Die wacklige Schmalspurbahn **Trenino Verde** fährt von Bosa Marina in Serpentinen und mit großartiger Aussicht über Tresnuraghes nach Sindia. 13 km Luftlinie, für die das Züglein gemütliche 90 Min. pro Strecke benötigt. Deswegen gibt's auch die schnelle Runde bis Sindia (40 Min. pro Strecke). ***Infos:** ab Bahnhof Bosa Marina in 1,5 Std., hin und zurück 12 €, bis Macomer 16 € | esedraescursioni.it*

2 Netzfrei abschalten

Die holprig-steinige Zufahrtsstraße endet irgendwo im Nichts: An der **Punta Foghe** hört gefühlt Sardinien auf. Ein Flüsschen mündet unterhalb des windumtosten Torre di Foghe tief unten im Tal sanft ins Meer, dahinter liegt die Vulkansteinküste des Capo Mannu. ***Infos:** 20 km südlich von Bosa | ab Tresnuraghes Schildern Richtung Corona Niedda und Culumbarza folgen, eine Holztafel weist auf Torre di Foghe hin.*

3 Hobbithäuser und Totenstadt bestaunen

Drei Gigantengräber, ein Bronzezeitdorf, eine Nuraghierfestung und mysteriöse Kultsteine locken an die **Tamuli** genannte Kultstätte bei Macomer. Highlight: sechs Hinkelsteine mit Knubbeln, die Geschlechtsmerkmale symbolisieren und einmalig auf Sardinien sind. Einige Hütten des Nuraghendorfs sehen mit ihren grasbewachsenen, niedrigen Dächern aus, als würde gleich ein Hobbit die Nase aus der Tür stecken. ***Infos:** tgl. ab 9.30 Uhr bis 30 Min. vor Sonnenuntergang | 4 €, Kinder 3 € | 27 km östlich von Bosa | Tel. +39 347 9 48 13 37*

4 Das Temotal mächtig in den Blick nehmen

Unbeeindruckt vom Geschehen in der Unterstadt, wo jedes Wochenende ein anderer Anlass gefeiert wird, thront das wuchtige **Castello Malaspina** der namengebenden toskanisch-ligurischen Grafen. Erhalten geblieben sind die Mauern und Türme der Wehranlage und die Schlosskirche aus dem 13. Jh. mit ihren in den 1970er-Jahren wiederentdeckten, sehenswerten mittelalterlichen Fresken. ***Infos:** stark wechselnde Öffnungszeiten tgl. 10–16 Uhr, im Sommer bis 19.30 Uhr | 5 €, Kinder 4 € | castellodibosa.com*

REGENTAG – UND NUN?

5 Am Temo wurde einst vom Leder gezogen

Geschäftig ging es in den alten Lederfabriken am südlichen Temo-Ufer zu, wo bis in die 1960er-Jahre Leder gegerbt wurde. Heute gibt es hier Ferienwohnungen, eine Pizzeria und das kleine **Gerbereimuseum,** der Rest steht leer und verfällt. ***Infos:** Museo delle Conce | Sept.–Juni Di–So 10–13 Uhr und 15–18 Uhr | 3,50 € | Via Sas Conzas 67 | Bosa*

ESSEN & TRINKEN

6 Il Localino Bosa Marina

Trendige Strandbar direkt am Endlossandstrand. Frühstück, Meeresfrüchtepasta und Pizza aus dem Holzofen. Den Sonnenuntergang gibt's gratis dazu! ***Infos:*** *April–Sept. tgl. ganztags | Via Lungomare Mediterraneo | Bosa Marina | Tel. +39 331 7 60 29 86 | illocalinobosamarina.com | €€*

7 Agriturismo Pialza

Toller, einfacher Agriturismo mit großen Portionen. Gegessen wird auf der luftigen Sommerterrasse, die Ravioli sind hausgemacht, und was auf den Tisch kommt, stammt vom eigenen Hof. ***Infos:*** *tgl. 19–23 Uhr | Località Pialza | Sindia | 18 km östlich von Bosa | Tel. +39 333 9 66 33 47 und +39 348 9 03 85 14 | pialza.it | €*

8 La Rosa dei Venti

Aus den sanften Ausläufern des Montiferru sticht der Spitzkegel von Santa Vittoria hervor. Darauf thront nicht nur ein hübsches Landkirchlein, sondern auch ein Restaurant mit ausgezeichneter, vornehmlich sardischer Landküche. ***Infos:*** *ganzjähig abends | Via Santa Vittoria | Sennariolo | 22 km südlich von Bosa | Tel. +39 34 90 68 38 62 | Facebook: larosadeiventidisennariolo | €€€*

Insider-Tipp

Gourmettempel mit Stellplatz

Die Aussicht vom La Rosa dei Venti auf die Küste ist grandios, und es gibt zwölf komfortable Camperstellplätze mit Stromanschluss!

9 Al Gambero Rosso

Beste frische Fischküche gibt es bei Chefkoch Franco Rosso. Spezialität des

AUF ABSTAND

Da es in den Altstadtgassen mächtig eng zugeht, parkst du deine vier Räder am besten außerhalb.

Hauses: *aragosta alla Bosana*, Hummer auf Bosa-Art, angemacht mit Hummerleber oder auf katalanische Art mit Zwiebeln. ***Infos:*** *Do–Di 12.30–15 und 19.30–23 Uhr | Via Nazionale 12 | Bosa | Tel. +39 07 85 37 41 50 | Facebook: GamberoRosso.Bosa | €€€*

STELL- & CAMPINGPLÄTZE

10 Gastlichkeit mit Stellplatz

Die Zufahrt zum Bauernhof ist etwas holprig. Keine Sorge, die Ställe mit Ziegen, Schweinen, Hühnern, Tauben sowie die frei herumlaufenden Katzen und Hunden sind ein paar Hundert Meter von den Stellplätzen entfernt. Abends gibt es leckere, preiswerte Landküche.

Agriturismo Sa Murta

€€ | Loc. Peddio | SS292 nördlich von Sennariolo | 16 km südöstlich von Bosa
Tel. +39 32 92 19 59 02 | agriturismosamurta.it
GPS: 40.221736, 8.557458

- ***Größe:*** *0,1 ha, 4 Stellplätze*
- ***Ausstattung:*** *Restaurant, keine Entsorgung, Kinderspielplatz, Swimmingpool (nur n.V.).*

11 Wohnwagenparadies am Meer

So gehen komfortable Ferien! Das kleine Tal ist nur für Camperfreunde reserviert, und du hast gleich drei kleine Strände zur Auswahl. Die meisten Stellplätze bieten auch Schatten.

S'Abba Druche

€€€ | SP49 | von Bosa Richtung Alghero
Tel. +39 07 85 77 61 61 und +39 33 84 44 09 48 | sabbadruche.com
GPS: 40.314508, 8.465333

- ***Größe:*** *3 ha, 100 Stellplätze, Zeltplätze*
- ***Ausstattung:*** *Frischwasser, Toiletten, Ver- und Entsorgung, Warmwasserduschen, Waschmaschinen, Restaurant, Disko*

12 Einfach tolle Aussicht

Eine Nacht kann man es auf dem einfachen Stellplatzgelände gut aushalten, aber das „Haus des Windes" heißt nicht ohne Grund so! Ein Trampelpfad führt zum Meer, dort gibt es zwar nur Felsen, dafür aber ein Schnorchelparadies für Fortgeschrittene!

La Casa del Vento

€ | SP49 | von Bosa Richtung Alghero
Tel. +39 34 71 82 20 74
GPS: 40.329059635654, 8.4352898597717

- ***Größe:*** *0,1 ha, 6 Stellplätze*
- ***Ausstattung:*** *Duschen, Toiletten, Restaurant*

ALGHERO IST VIELES

Bei aller Geschäftigkeit: Die Hafenstadt hat auch ruhige Ecken, in die sich kaum ein Urlauber verirrt.

Der Norden Sardiniens ist endlos weit und wunderschön
Von Alghero bis Santa Teresa Gallura

Von West nach Nord, immer an der Küste entlang! Unterwegs begegnen dir Silberminen am Meer, goldgelbe Traumstrände und grasgrüne Kulturlandschaften. Dazwischen liegen Küstenstädte und Burgen, die von ihrer bewegten Vergangenheit erzählen. Und dann wären da noch Campingparadiese, Windsurfwunder und endloslange Strandbänder. Sardiniens Norden ist Korsika ganz nah, du kannst den französischen Nachbarn auch einen Kurzbesuch abstatten.

Tour E im Überblick

Tour-Highlights

Entdecke die eigentümliche Monumentalarchitektur von *Fertilia* ▶ **S. 131**

Traumstrand wie in der Werbung – *La Pelosa* ▶ **S. 134**

In *Alghero* Sardiniens katalanische Seite entdecken ▶ **S. 139**

Fango for free genießen in *Santa Maria Coghinas* ▶ **S. 143**

Die Steinfiguren am *Capo Testa* bei Vollmond erleben ▶ **S. 147**

E Tourenverlauf

Start & Spot 15

Alghero
Ganz und gar nicht sardisch ▶ S. 138

Optionaler Anschluss: Tour D

8 km Von Alghero führt dich die Küstenstraße SS127 bis vorbei an den Dünen des Strands von Maria Pia bis nach Fertilia.

Fertilia

Der eigentümliche Vorort von Alghero war einst als Vorzeigeprojekt der faschistischen Stadtplanung der 1930er-Jahre gedacht. Klare Linien und städtebauliche Gliederung in Soziales, Kommerzielles und Religiöses sollten ein durchgeplantes urbanes Zentrum bilden. Die monumentale Architektur der wuchtigen Bauten, der Paradestraße und Terrasse wirkt wie ein Ort, den man einfach irgendwann einmal vergessen hat. Von der faschistischen Vergangenheit dieses Teils Sardiniens zeugt das gesamte Hinterland von Alghero, das fein säuberlich trockengelegt und mit schnurgeraden Straßen erschlossen wurde.

P *Parken vor der Piazza San Marco bei GPS 40.592331, 8.285790*

4 km Auf, Richtung Capo Caccia! Unterwegs begegnen dir Zwergpalmen, die es nur auf Sardinien und fast nur rund um Alghero bzw. die Sinishalbinsel gibt. Nichtstun oder Nuraghen? Für Ersteres ist der Strand von Le Bombarde prädestiniert, für Letzteres das Nuraghendorf Palmavera, das direkt an deiner Route, der SS127bis, liegt.

Palmavera

Die Nuraghenfestung Palmavera ist nicht nur wegen ihrer Küstenlage, sondern auch aufgrund der sehr sorgfältigen Bearbeitung der Steine ungewöhnlich. Die Anlage besaß eine starke Ringmauer und einen zweitürmigen Zentralbau. In der Rundhütte am Eingang führten die Ursarden wohl ihre Beratungen: Ein Thron aus Sandstein und die umlaufende Steinbank sprechen dafür.

i *tgl. 10–18, Juli–Sept. bis 19 Uhr | 5 €, Kinder 15–17 J. 4 € | nuraghe palmavera.it*

P *wenige Parkplätze an der Straße, rechtzeitig Blinker setzen!*

3 km Lass den Hafen von Porto Conte links liegen und folge im nächsten Kreisverkehr der Ausschilderung nach Capo Caccia. Die Straße führt dich um die Bucht herum, die die alten Römer Portus Nimpharum (Hafen der Nymphen) nannten. Der natürliche Hafen war schon in der Antike Anlaufpunkt der phönizischen Handelsflotten. Stichstraßen führen zu Parkplätzen am Meer.

Naturpark Prigionette

Ideal zum Wandern und Mountainbiken ist der **Wildpark Foresta Demaniale Porto Conte – Prigionette,** der zum großen Naturpark gehört.

i *Womo am Eingang parken, Fußgänger Erw. 3 €, Familienticket 16 €, Einfahrt mit Womo 10 € | Ticket gültig für alle Anlagen der Parkverwaltung | algheroparks.it | Parkeingang an der SP55 mit großem Parkplatz, die Waldwege im Park sind gut befahrbar.*

Insider-Tipp
Esel und Hirsche gucken

Auch ausgewilderte Pferde, Albino-Esel und Damwild nehmen am beschaulichen Parkverkehr teil.

STEIN AUF STEIN

Die sorgfältige Bearbeitung der Steine verdient bei der Nuraghenfestung Palmavera Beachtung.

MEER SEHEN

Die Grotta delle Brocche Rotte ist eine perfekte Foto-Location am Capo Caccia.

4 km | Weiter geht's auf der Stichstraße SP55 Richtung Capo Caccia. Wenn du nicht die 652 Stufen die Felsklippen entlang bis zur Neptunsgrotte hinuntersteigen möchtest, ist am Aussichtspunkt Belvedere Foradada am besten Schluss für dich – vor dem Capo Caccia wird die Straße immer enger und ist nicht selten völlig zugeparkt – ein Horror für große Womos!

Capo Caccia

Vom Belvedere kannst du die überwältigende Aussicht auf den Golfo von Porto Conte genießen – oder noch ein paar Meter die steilabfallende Küste entlangspazieren.

Folge den sporadischen blauen Punkten, die den Weg markieren. An ihrem Ende befindet sich die Höhle der zerbrochenen Krüge – die Grotta delle Brocche Rotte – mit einem herrlichen Ausblick auf die windumtoste, mehrere Hundert Meter senkrecht ins Meer abfallende Westflanke des Capo Caccia.

15 km | Jetzt liegt eine längere Durststrecke vor dir. Durch eine endlose Landschaft aus schnurgeraden Landstraßen steuerst du geradewegs auf Porto Ferro zu. Anhalten lohnt sich nur, wenn einer der zahllosen

Hofläden unterwegs mit frischem Obst und Gemüse lockt! Unterwegs führt ein Abstecher zu der wunderschönen Badebucht von **Porticciolo** mit dem gleichnamigen Luxuscamping *(Campeggio Villaggio Torre del Porticciolo | Tel. +39 07 99 1 90 07 | €€€ | torredelporticciolo.it | GPS 40.642509, 8.190261).*

Porto Ferro

Der weite, ockerfarbene und grobsandige Strand von Porto Ferro ist über mehrere sandige Stichstraßen zu erreichen. Wenn du deinem Mobil kein Offroad-Erlebnis zumuten magst, dann steuerst du besser den großen, ausgeschilderten Parkplatz an. Die breite Bucht ist aufgrund ihrer Windverhältnisse auch bei Surfern und Kitern beliebt. Das Sandband, das teilweise von rot leuchtenden Trachytfelsen unterbrochen wird, wird von einem dichten Pinienhain eingerahmt, der sich bis zum nahe gelegenen **Lago Baratz** erstreckt. MTB-Fans haben hier ihre wahre Freude! Im nördlichen Teil des Strandes wird textilfreies Baden geduldet, und in dem glasklaren, fischreichen Wasser, das in tausend Grüntönen schimmert, kannst du eine lebendige Unterwasserwelt bestaunen – also die Schnorchelausrüstung nicht vergessen!

21 km Auf zur nächsten Bucht! Zurück auf die SP69 und auf weiten Kurven durch die Weite. Mitten im Nichts biegst du Richtung Palmadula ab, dort weiter Richtung Argentiera. Toller Badestopp ist die schöne, glasklare Badebucht von Porto Palmas.

Oberhalb von Porto Palmas führt ein Küstenweg zu einsamen Buchten. So mancher geländegängige Camper ignoriert das dezente Verbotsschild oder bewegt sich per pedes oder MTB.

Argentiera

Über der Bucht von Argentiera thronen die Gerippe der Geisterstadt des 1963 geschlossenen Silberbergwerks – eine wahrlich kontrastreiche Umgebung für einen Badestopp. Die halbmondförmige Bucht von Argentiera verfügt über zwei feinkieselige Strände, die steil ins Wasser abfallen, deswegen ist die Bucht nur begrenzt zum Baden mit Kindern geeignet. Das glasklare, blaugrün leuchtende Wasser bietet dir unzählige Möglichkeiten zum Schnorcheln und Tauchen entlang der Felswände. Bei Wind schlägt das Meer in Argentiera allerdings hohe Wellen. Dann kannst du vom großen Parkplatz aus im Camperkino den Naturgewalten zuschauen!

P *großer Parkplatz, auf dem so mancher etwas länger bleibt, bei GPS 40.739689, 8.148388*

33 km Von Palmadula führt eine einsame Straße in Richtung Pozzo San Nicola und dann Richtung Stintino. Der Wind weht hier im Winter so stark, dass sich die Bäume biegen: Wie bucklige Besen ducken sich die knorrigen Bäumchen an das weite Land. Der *maestrale*, so nennen ihn die Seeleute, hat auf seinem Weg von Südfrankreich 350 km freie Fahrt, um Kraft zu tanken, bevor er hier auf Land stößt und unendlich lange Strände schafft und die windzerzauste Hochebene flachschleift, auf denen unzählige Windkraftanlagen ihre Rotoren drehen. Unterwegs liegt ein toller Minikieselstrand, der zum länger Verweilen einlädt: **Le Saline** mit glasklarem Meer und großem Parkplatz *(GPS: 40.902754, 8.236216)*.

Stintino und La Pelosa

Der kleine Fischerort Stintino liegt malerisch auf einer von zwei Fischerhäfen gesäumten Landzunge und verlangt mit seinen engen Gassen deinem großem Gefährt so einiges an Manövrierkunst ab. Hauptanziehungspunkt von Stintino ist die berühmte Spiaggia La Pelosa am Capo del Falcone *(zur Saison zugangsbeschränkt, Vorausbuchung über spiaggialapelosa.it)*. Mit ihren unglaublichen Farben – wie in der Werbung, aber in echt! So schön ist es hier, dass das Ringen um die wenigen Parkplätze bereits in den Morgenstunden ausgefochten wird.

P *Entspannter parkt es sich bei La Pineta, der etwas außerhalb liegt, aber schattige Stellplätze und einen Strandshuttle anbietet (Area Sosta Attrezzata La Pineta | Tel. +39 347 0 88 14 33 und +39 340 2 82 72 98 | €€ | stintinocamper.it | GPS 40.869018, 8.236478).*

75 km Vom Traumstrand zurück zur Realität – der Weg die Küste von Stintino Richtung Porto Torres führt dich an teilweise verfallenen Industrieanlagen entlang, die hässlicher nicht sein könnten. Vorbei am Industrie- und Fährhafen Porto Torres führt die Küstenstraße SP81 (Ausschilderung Santa Teresa) mitten durch den Pinienhain von **Platamona** und **Marina di Sorres!** Wenn du hier einen Zwischenstopp am Meer machen möchtest, findest du unzählige ausgewiesene Parkplätze und einen Stellplatz *(Camp Site International, Loc. Platamona | Tel. +39 32 94 17 28 75 | € | campsiteinternational.it | GPS 40.815632, 8.465605)*. Der Strand, der Pinienwald und die Dünen sind hier so weit und breit, dass hier im Sommer ganz Sassari ein Plätzchen findet! Die Provinzstraße mündet auf die gut ausgebaute SS200. Auf der Strecke liegt die Felsenstadt von **Castelsardo,** die du jedoch aufgrund der engen Ortsdurchfahrt, vorbei am berühmten Elefantenfelsen, der **Roccia dell'Elefante,** am besten umfährst. Nächster Halt: das Camperparadies Valledoria.

Spot 

Valledoria

Wellen, Wind und warme Quellen ▶ **S. 142**

WAS MACHST DU?

An der Coghinas-Mündung bei San Pietro a Mare kannst du kiten, surfen, auf dem Fluss Kajak fahren – oder die ganz ruhige Kugel schieben.

DA TÜRMTEN DIE SARAZENEN

Den Strand von Vignola Mare und das Meer fest im Blick: La Turra.

15 km Hinter Badesi, vorbei an er Cantina Li Duni *(cantinaliduni.it)* steigt die Provinzpiste SP90bis an und windet sich in weiten Kurven den Berg hinauf, vorbei an der Isola Rossa. An der Küste liegt in der Ferne das Luxusvillenparadies von Costa Paradiso und Portobello di Gallura, deren Zufahrten für Camper weitgehend tabu sind. Grimmige Wachleute wollen dich an ihren Schranken hier das ganze Jahr über vertreiben.

Tinnari

Weil die Costa Paradiso für Womos tabu ist, schaust du dir am besten Tinnari an! Diese kurze, aber steile Wandertour an der rostroten und rauen Steilküste führt auf einem ausgewaschenen Fahrweg die Küste hinab. Am Ziel des Marschs belohnen dich der naturbelassene, grobe Kieselstand und die pittoreske Flussmündung des Rio Pirastru! Plane für Ab- und Aufstieg etwa zwei Stunden ein, und nimm unbedingt ausreichend Proviant und Wasser mit.

P *am Restaurant Il Geranio abbiegen, dann auf staubiger Schlaglochpiste immer geradeaus weiter; großer Parkplatz bei GPS 41.029251, 8.913221*

23 km Immer weiter auf der gut ausgebauten Landstraße SP90 entlang lässt du dich in Richtung Vignola Mare treiben.

Vignola Mare

Der endlos weite, rotbraun-helle Spiaggia di Vignola zieht sich über einen Kilometer grobsandig am Meer entlang. Spaziert man die Küste hingegen Richtung Osten, gelangst du vorbei an tollen Schnorchelfelsen an die naturbelassenen Buchten von **Riu Saldi,** die von einem dichten Pinienhain eingerahmt werden. Hier wird die Küste rau und steinig, von einer herrlichen Strandvegetation aus Schilf, Stranddisteln und Strandfilzblumen bedeckt. Im Pinienhain zirpt ein Heer von Zikaden. Wenn du es einsam und romantisch magst, dann bist du hier genau richtig!

P *Stellplatz nur einen Steinwurf vom Strand (Oasi Gallura Area Sosta Camper, Località Vignola Mare | Tel. +39 338 7 31 96 26 | €€ | oasigallura.it | GPS 41.126588, 9.062516) oder beim Luxuscamping (Baia Blu La Tortuga, Pineta di Vignola Mare | Tel. +39 07 96 0 22 00 | €€€ | campinglatortuga.com | GPS 41.1239, 9.06777)*

Insider-Tipp
Immer die Küste entlang!

Richtung Westen führt ein Trampelpfad zum alten Sarazenenturm La Turra. Weiter die Küste entlang folgen die Fischerkapelle San Silverio und ein weiterer, kleiner, einsamer Strand.

20 km Kaum zu verfehlen, immer mit Abstand die Küste entlang – auf der Provinzpiste SP90bis steuerst du immer gen Norden auf Santa Teresa Gallura zu! Wenn du unterwegs übernachten willst, halte bei Marco und seinem Stellplatz mit Platzesel auf der **Azienda Agrituristica Bona Via** an *(Localita' Lu Pruncilvunu | Santa Teresa Gallura | +39 32 09 00 37 97 | GPS: 41.208780, 9.180020)*

Ziel & Spot 17

Santa Teresa Gallura

Korsika so nah – Sardiniens Brücke zum Nachbarn im Norden

▶ **S. 146**

Optionaler Anschluss: Tour F

Alghero
Ganz und gar nicht sardisch

In Alghero trifft Sardinien auf Katalonien. Schließlich haben die ehemaligen Besatzer die Küstenstadt im Nordwesten jahrhundertelang geprägt und wuchtige Bastionen am Meer geschaffen, auf deren Resten du zwischen mittelalterlichen Kanonenrohren und Steinschleudern bummeln kannst. Und das am besten zum Sonnenuntergang, denn der gehört in Alghero zum Pfichtprogramm! Als wäre das nicht genug, um aus Alghero den perfekten Urlaubsspot zu machen, ist die Stadt auch noch mit einem seichten Lidostrand und den schneeweißen Dünenlandschaften von Maria Pia gesegnet.

P *Alghero ist zwar nicht groß, trotzdem herrscht immer mächtig Verkehr. Camper stehen gut am Hafen (GPS 40.564980, 8.316765) und auf der Piazzale della Pace (GPS 40.562498, 8.316974).*

REIZVOLL

In Alghero treffen sardische und katalonische Kultur aufeinander.

AKTIVITÄTEN & SIGHTSEEING

1 Palazzi und Kirchen gucken

Beim Eintritt durch die Stadttore fällt rasch auf, dass Alghero anders ist. Die Straßenschilder sind zweisprachig, die Architektur erinnert an den gotischen Stil Nordspaniens. Am eindrucksvollsten sind Kreuzgang und Kirchenschiff von **San Francesco** sowie der achteckige Glockenturm der **Kathedrale Santa Maria.** Der schön restaurierte **Palazzo d'Albis** auf der Piazza Civica stammt aus dem 16. Jh. Der Legende nach soll im Jahr 1541 Karl V., der Kaiser des Heiligen Römischen Reichs, vom Balkon des Palazzo herab die Bewohner der Stadt mit dem Ausruf „Todos Caballeros" zu Rittern erklärt haben.

2 Im Schiffchen in die Grotte schaukeln

Schon die italienischen Könige ließen sich in diese Schauhöhle schippern, und auch heute noch zählt sie zu den beliebtesten Sehenswürdigkeiten der Insel. Die ersten 600 m der etwa 4 km langen **Grotta di Nettuno** mit ihren wuchtigen Stalagmiten, Säulen und Kalkbecken sind toll ausgeleuchtet. Los geht's am Hafen vor den Bastionen mit einem der unzähligen Ausflugsboote, die für unterwegs sogar Delfinbeobachtung in Aussicht stellen. ***Infos:*** *April–Okt. tgl. 8–17.45 Uhr | Überfahrt ca. 40 Min., 15 €, Kinder 5–10 J. 7 € | Tel. +39 36 83 53 68 24 | grottadinettuno.it | Bootsshuttle z.B. mit Freccia delle Grotte ab Banchina Garibaldi*

3 Wo die Welt still steht

Die SS292 führt in nicht enden wollenden Kehren über Villanova Monteleone ins einsame Burgdorf **Monteleone Rocca Doria.** Einst bauten hier die Genuesen eine Festung auf dem 400 m hoch aufragenden Kalkplateau, an der sich später die Spanier die Zähne ausbissen.

Insider-Tipp

Bitte länger bleiben!

Der Sonnenuntergang über dem Temo-Stausee ist atemberaubend.

REGENTAG – UND NUN?

4 Ab in Sardiniens heimliche Hauptstadt

Der Reichtum verflossener Zeiten ist noch zu spüren. **Sassari** war immer eine lebhafte Handelsmetropole, genoss Freiheiten selbst unter den spanischen Vizekönigen im fernen Cagliari. Nahe dem Bahnhof beginnt der Corso Vittorio Emanuele II, die Haupteinkaufs- und Flanierstraße, die an der prächtigen Piazza d'Italia endet. Schau am **Dom San Nicola** nach oben: Die Fassade wurde im 17./18. Jh. im schnörkeligen spanischen Kolonialbarock umgestaltet. ***Infos:*** *38 km nördöstlich von Alghero | begrenzte Parkmöglichkeiten rund um die Kirche Santa Maria di Betlem bei GPS 40.725936, 8.555112. Große Teile der Innenstadt sind eng, das Befahren den Einwohnern vorbehalten.*

5 Auf Zeitreise gehen

Zwischen Sassari und Porto Torres gelegen, ist der Stufenzikkurat von **Monte d'Accoddi** ziemlich rätselhaft, denn Sonnentempel wie in Mesopotamien gibt es im gesamten Mittelmeerraum nicht. Dazu Menhire, kugelige Findlinge und Steintische. Hier waren außerirdische Kräfte im Spiel, sind Ufoforscher wie Erich von Däniken felsenfest überzeugt! ***Infos:*** *Di–Sa 9–13, So 9–14 Uhr | 4 €, Kinder 3 €*

ESSEN & TRINKEN

6 Bar Focacceria Il Milese

Seit 1971 gibt's hier leckerste dick belegte Focaccia. Aufs Brot kommen frische Tomaten, Thunfisch, Ei, Sardellen, Rucola und Zwiebeln. Das Geheimrezept für die leckere Salsa hütet Signora Maria wie ihren Augapfel. Der Snack ist ideal auch zum Mitnehmen. ***Infos:*** *Mi–Mo 7–1 Uhr | Via Garibaldi 11 | Alghero | Tel. +39 079 95 24 19 | barmilese.it | €*

7 La Botteghina

Tolles, kleines Restaurant in einer Altstadtgasse. Die hausgemachten Fregolapastakugeln mit Meeresfrüchten und Sepiascheiben sind hier genauso spitze wie das *fritto misto*. Die 50-cm-Pizza reicht locker für zwei. ***Infos:*** *tgl. 12–15 und 18.30–22.30 Uhr | Via Principe Umberto 63 | Alghero | Tel. +39 07 99 73 83 75 | la-botteghina.it/menu | €€*

8 Azienda Agrituristica Sa Mandra

Lass nach den reichlichen Antipasti noch unbedingt Platz für die hausgemachten Ricotta, das Spanferkel vom Hof oder den Lamm-Kartoffel-Eintopf! Der Hauswein stammt von der nahen Winzergenossenschaft Santa Maria La Palma. Sa Mandra ist so etwas wie ein Agriturismo in groß, aber die Qualität ist 1A! ***Infos:*** *April–Juni, Sept., Okt. Di–So, sonst tgl. 13–16 und 20–23 Uhr | SP44, km 1 | Alghero | Tel. +39 079 99 91 50 | Tischreservierung online unter aziendasamandra.it | €€*

BLAUE LAGUNE

Am fischreichen Strandsee von Calich bietet Camping Village Laguna Blu tolle Stellplätze.

AUSGEHEN & FEIERN

9 Kelu Lounge Bar

Feuerrote Sonnenuntergänge, geschmeidige Loungemusik, gute Drinks, ein wenig Glanz und Glamour – an der Strandpromenade findest du alles, was du für einen gelungenen Abend brauchst. ***Infos:*** *tgl. bis 1 Uhr | Via Lido 11 | Alghero | Tel. +39 079 98 46 12 | kelu.bar | €€*

STELL- & CAMPINGPLÄTZE

10 Der Ortsnahe

Wenn du dir Alghero bei Nacht anschauen möchtest, ist dieser Platz die richtige Wahl. Eigener Strandabschnitt am Lido.

Camping La Mariposa ☺

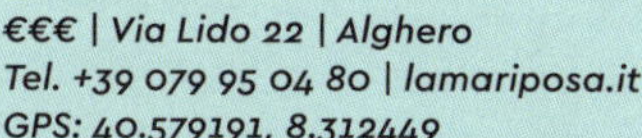

€€€ | Via Lido 22 | Alghero
Tel. +39 079 95 04 80 | lamariposa.it
GPS: 40.579191, 8.312449

▶ **Größe:** *2 ha, 125 Stellplätze, Bungalows, Appartements und Mobilheime*
▶ **Ausstattung:** *Bar, Pool, Strandservice, Roller- und Fahrradverleih, Markt, Pizzeria, Bar, Internet*

11 Stellplatzparadies

Gut aufgeteilter, mit Hecken abgetrennter Stellplatzpark mit wenig Schatten nahe der seichten Traumbucht von Le Bombarde!

Paradise Park

€ | Località Le Bombarde | Alghero
Tel. +39 33 32 21 21 53 | paradisepark.it
GPS: 40.590963, 8.256058

▶ **Größe:** *2 ha, 100 Stellplätze*
▶ **Ausstattung:** *Waschmaschine, Restaurant mit Pizzeria, Duschen und Toiletten, Strandshuttle, Kinderspielplatz, 50 m vom Platz entfernt Linienbushaltestelle nach Alghero*

12 Zwischen Meer und Lagune

Campingpark 5 km außerhalb von Alghero. Pool, Animation, Strandservice, Wellness – was will man mehr?

Camping Village Laguna Blu

€€€ | Strada statale 127 bis, km 41 | Fertilia
Tel. +39 079 93 01 11 | campinglagunablu.com
GPS: 40.595217, 8.291174

▶ **Größe:** *111 ha, 450 Stell- und Zeltplätze*
▶ **Ausstattung:** *Bar, Pool, Appartements, Lodgezelte, Animation, Strandservice, Tennis- und Fußballplatz, Wasser-Erlebnispark, eBike-Verleih*

Valledoria
Wellen, Wind und warme Quellen

Valledoria lässt Wellenfreunden das Herz aufgehen! Unmengen an Kitern treffen sich hier Jahr für Jahr und üben bei optimalen Trainingsbedingungen erst am Strandsee, bevor es raus aufs große Meer geht. Hier hast du einen der längsten Strandabschnitte der Insel überhaupt, an dem nicht selten ein strenger Mistralwind pfeift. Im Nordteil, wo der Strand Badesi Mare heißt, musst du nur ein paar Minuten durch die Sandwüste stapfen, um eine Düne ganz für dich zu haben. Ob der schönste Sonnenuntergang der Gegend von der Festungsburg von Castelsardo oder dem relaxten Fischerstädtchen Isola Rossa aus zu sehen ist, darüber kannst du dich mit deinen Mitreisenden trefflich streiten.

SELTSAM VERWITTERT

Die Roccia dell'Elefante galt wohl schon in der Neusteinzeit als Sehenswürdigkeit.

AKTIVITÄTEN & SIGHTSEEING

1 Möwen zählen am zugigen Kap von Castelsardo

Castelsardo, 16 km westlich von Valledoria, ist kein Geheimtipp, und einen Aufzug gibt es auch nicht. Aber der Weg hoch auf die Burg lohnt sich! Hier erwarten dich enge Gassen, steile Treppen, ein paar alte Damen, die ihre traditionell hergestellten Körbe verkaufen und trotz Urlauberandrang viel Stille. ***Parken:*** *am besten, wenn du von Osten kommst (Abfahrt Castelsardo/Roccia dell'Elefante), vor dem Ort beim Fußballstadion (GPS 40.911357, 8.721788)*

Insider-Tipp
Romantik und Abendrot

Besonders empfehlenswert sind die Abendstunden, wenn der Touristenstrom abebbt und die Möwen gegen den pfeifenden Wind ankämpfen.

2 Elefantenfels und Feengräber aufsuchen

Der Elefantenfelsen von Castelsardo, **Roccia dell'Elefante,** 10 km westlich, ist so eigentümlich verwittert, dass er schon in der Steinzeit trendy war und die Ursarden kleine, etwa einen Kubikmeter große Kammern mit gerundeten Ecken, Domus de Janas (dt. Feenhäuser), hineinhämmerten. ***Parken:*** *Für Womos Glückssache fahre lieber knapp 500 m weiter, dort liegt der Eingang zum kleinen Park mit Wasserquelle, von dort führt ein Spazierweg durch ein Wäldchen zurück zum Felsen.*

3 Fango for free abstauben

Wenn du 10 km südöstlich von Valledoria an **Santa Maria Coghinas** vorbeikommst, darf ein Abstecher zu den Thermen nicht fehlen. Unterhalb des unspektakulären Thermalgebäudes kannst du dir deine eigenen Fangopackungen verpassen. Der gesunde Schlamm, der gut gegen Rheuma und Entzündungen sein soll, blubbert hier einfach so aus dem Untergrund. ***Parken:*** *Zahlreiche Plätze bei GPS 40.901241, 8.893648, vor dem Heilbad kann es bei viel Betrieb eng werden.*

REGENTAG – UND NUN?

4 Korbflechtkunst bestaunen

Auf den Treppenabsätzen der alten Häuser von Castelsardo stellen die Frauen noch immer kunstvolle Körbe und Flechtarbeiten her. Tradition verpflichtet, daher zeigt das **Museo dell'Intreccio Mediterrano** in der alten Burgruine neben Flechtkunst aus der ganzen Welt auch die traditionellen Strohboote der Lagunenfischer von Cabras. Und wenn der Himmel aufklart, kannst du von der Panoramaterrasse aus bis nach Korsika blicken! ***Infos:*** *Winter 10–17, April, Okt. 9–19.30, Mai, Juni, Sept. 9–22, Juli 9–24, Aug. 9–1 Uhr | 5 €, Kinder 4 € (inkl. Schlossbesichtigung) | Via Marconi | Castelsardo | 16 km westlich von Valledoria | mimcastelsardo.it*

5 In Urlaubsträume abdriften

Wachturm, Felsinsel, Jachthafen, Meerblickrestaurants – eine perfekte kleine Urlaubswelt findest du 20 km nordöstlich von Valledoria an der **Isola Rossa.** Im Frühjahr bilden rund um den alten Wachturm Millionen rosaroter Mittagsblumen einen Blütenteppich. ***Parken:*** *problemlos bei GPS 41.012740, 8.877752*

ESSEN & TRINKEN

6 Agriturismo Bedda Ista

Super Aussichten auf die Küste, aber spar dir den Blick auf die Karte und lass dir das Menü auftischen: frische und eingelegte Vorspeisen, Käse vom Hof, gegrilltes Gemüse, *gnochetti* und Spanferkel mit Ofenkartoffeln. ***Infos:*** *tgl. 13–15 und 19–24 Uhr | Loc. Monte Ussoni | Castelsardo | 6 km westlich von Valledoria | Tel. +39 34 75 41 82 16 | agriturismo beddaista.com | €€ | ab La Ciaccia Zufahrt über einen staubigen Feldweg*

7 La Vignaccia

Leckere Fischküche auf Meereshöhe zu Füßen des Burgbergs von Castelsardo. Zuerst hoch aufs Kastell, nach dem Abstieg rein ins Lokal zu einem *fritto misto* oder Pizza. ***Infos:*** *tgl. 12–23 Uhr | Via Ferdinando Magellano 11 | 16 km westlich von Valledoria | Castelsardo | Tel. +39 079 47 05 23 | €€* ***Parken:*** *Zufahrt am besten über die zentrale Via Colombo, große Parkplätze auch in der Via Zirulia bei GPS 40.913377, 8.716348*

8 La Locanda del Mare

Tagsüber den Kitesurfern zusehen, abends in dieses schöne Restaurant am Strand von La Ciaccia (schön früh – am besten zum Sonnenuntergang – reservieren). Vor allem Fischfans kommen hier auf ihre Kosten. ***Infos:*** *tgl. | Spiaggia La*

GANZ NAH DRAN

Herrliche Aussichten an der Coghinas-Mündung bei Valledoria.

Ciaccia | Tel. +39 079 58 41 44 | lalocandadelmare.it | €€ ***Parken:*** *großer Platz über dem Strand*

9 Cantina Li Duni

Signor Francescos Vermentino wächst an ungepfropften Rebstöcken. Die stehen im sandigen Dünenboden von Badesi und verleihen dem Weißen seine Samtnote. Die Spitzenweine gibt es auch frisch vom Fass gezapft. Kanister nicht vergessen! ***Infos:*** *SP90 | Badesi | 9 km nordöstlich von Valledoria | Tel. +39 388 4 26 38 25 | cantinaliduni.it | €€*

STELL- & CAMPINGPLÄTZE

10 Rundum-Sorglos-Paket

Valledoria ist ein Königreich für Campingfreunde, und dieser Stellplatzist der Platzhirsch! Im Club gibt es eine umfangreiche Kinderanimation, für die Älteren Musik am Abend. Direkt an der Flusslagune gelegen, ein Shuttleboot bringt dich an den Strand, du kannst Kajaks ausleihen und den Coghinas-Fluss hinaufpaddeln. Endlos großer, schattiger Womo-Bereich in einem Eukalyptuswald am Flussufer.

La Foce Village

€€€ | V. Ampurias 110 | Valledoria
Tel. +39 079 58 21 09 | foce.it
GPS: 40.933256, 8.81745

- **Größe:** *100 ha, 250 Stellplätze, Bungalows, Mobilheime, Appartements und Villen*
- **Ausstattung:** *Duschen, WC, Bar, Restaurant, Pizzeria, Spielplatz, Kajak- und Surfbrettverleih, Swimmingpool, Animation, großer Kinderspielplatz, Tennisplätze, Strandshuttle per Mini-Boot*

11 Komfort im Pinienparadies

Der Klassiker in Valledoria. Dein Womo kannst du herrlich schattig unter Pinien unterstellen. Die Stellplätze am Meer kosten extra und haben keinen Schatten. Picobello saubere Sanitäranlagen, superschöner Strandabschnitt.

Camping International 

€€€ | Via La Ciaccia 39 | Valledoria
Tel. +39 079 58 40 70 | campingvalledoria.com
GPS: 40.923178, 8.79542

- **Größe:** *10 ha, 90 Stellplätze*
- **Ausstattung:** *Duschen, WC Bar, Restaurant, Pizzeria, Spielplatz, Swimmingpool, Animation, Kinderspielplatz, Tennisplätze*

Spot 17

Santa Teresa Gallura

Korsika so nah – Sardiniens Brücke zum Nachbarn im Norden

Eigentlich liegt Sardinien ziemlich einsam im westlichen Mittelmeer. Wäre da nicht die Nachbarinsel Korsika, die einst über eine Landbrücke mit Sardinien verbunden war – eine Verbindung, die heute noch kulturell wie landschaftlich besteht. Wahrscheinlich war es der Wind, der die beiden Schwesterinseln einst auseinandertrieb. Im Steingarten von Capo Testa kannst du dir ansehen, was die Witterung so mit Gesteinsbrocken alles anstellen kann.

STEINERNES MÄRCHENLAND

Am Capo Testa gibt es Gesteinsformationen, die jede Fantasie übersteigen.

AKTIVITÄTEN & SIGHTSEEING

1 Savoir Vivre vs. Dolce Vita

Santa Teresa sprüht vor Leben: Das lebendige Hafenstädtchen im äußersten Norden Sardiniens verbindet zwei Welten: Dolce Vita und einen Zungenschlag, der dem Südkorsischen ziemlich nahe ist. Schließlich scheint am Aussichtspunkt am Turm von Longonsardo das nur etwa 16 km Luftlinie entfernte korsische Bonifacio mit seinen weißen Kreidefelsen zum Greifen nah. ***Parken:*** *Am besten am Ortseingang (Cine Teatro Comunale bei GPS 41.238453, 9.191057). Santa Teresa ist für Camper gesperrt.*

2 Im Steinpark des Capo Testa spazieren

Ein offenes Museum sind die von Wind, Wellen und Wetter zu bizarren Figuren geformten Granitmassen auf der Halbinsel Capo Testa. ***Parken:*** *am besten am Wanderparkplatz Lu Patru Punta Cuntessa (GPS 41.237962, 9.178780), von dort Fahrrad- und Fußweg Sentiero natura bis zum Leuchtturm von Capo Testa (ca. 1 Std.). Ab Piazza Bruno Modesto in Santa Teresa Mitte Juni–Mitte Sept. kleiner Linienbus bis Capo Testa und zu den Stränden La Marmorata und Baia Santa Reparata (sardabus.it/sar6.html)*

Insider-Tipp

Magische Nächte im Schlafsack

Am schönsten ist es hier bei Vollmond, wenn das Zwielicht die glitzernden Felsen in wundersame Figuren zu verwandeln scheint.

3 Auf nach Korsika!

Bonifacio ist ziemlich einzigartig: Der kleine Fährkahn, der die beiden Inseln verbindet, zwängt sich in den engen Naturhafen, über dem Meer hängen windschiefe Palazzi, das Kreischen der Möwen hallt in den Grotten. Bastionen und Aussichtsterrassen laden zum Spazieren ein, und französisches Savoir Vivre weht durch die Gassen. ***Parken:*** *Die Altstadt ist vom Hafen gut zu Fuß zu erreichen. Fähren: mobylines.de und ichnusalines.com, ca. 60 € pro Person hin und zurück. Begrenzt Parkplätze am Hafen Santa Teresa (GPS: 41.238862, 9.194152) oder vor dem Hafentunnel bei 41.236641, 9.189770*

REGENTAG – UND NUN?

4 Den Spuren der alten Nuraghier folgen

Auch die alten Sarden haben sich am Capo Testa wohlgefühlt! Warum hätten sie sonst in **Lu Brandali** ein Dorf, einen Nuraghen und ein Gigantengrab (Tomba dei Giganti) errichtet? Besonders spannend für Archäologen: Sogar neusteinzeitliche Essensreste, uralte Knochen und Alltagsgegenstände sind wieder aufgetaucht. Im kleinen **Multimediamuseum** kannst du in die Welt der Ursarden eintauchen. ***Infos:*** *Nov.–Febr. Mo–Fr 9.30–11.30, April–Okt. tgl 9.30–18.30 Uhr | 3 € | santateresaturismo.it* ***Parken:*** *an der Straße nach Capo Testa bei GPS 41.237041, 9.177618*

5 Sardiniens Surfer-Hotspot austesten

Porto Pollo ist für Surf- und Kitefans das Eldorado! Auf der schmalen Landzunge findest du immer die perfekte Brise und die richtige Welle. Surfschulen bieten ihre Dienste und Leihausrüstung an, der goldgelbe Sandstrand ist herrlich, und von den Strandkneipen aus kannst du die Surfer-Dudes und -Girls spotten. ***Parken:*** *Kleinere Campingbusse können am Strandparkplatz bei GPS 41.192361, 9.319043 gebührenpflichtig parken, für größere Wohnmobile ist bei 41.189204, 9.320687 Schluss (Area Sosta Camper).*

ESSEN & TRINKEN

6 Il Grottino

Ein gutes Preis-Leistungs-Verhältnis und tolle Meeresfrüchte bietet dieses kleine Restaurant mit Pizzeria in einer Seitenstraße von Santa Teresa. ***Infos:*** *Okt.–Juni Do–Di, sonst tgl. 12–15 und 19–24 Uhr | Via del Mare 14 | Santa Teresa Gallura | Tel. +39 07 89 75 42 32 | Facebook: ilgrottinosantateresa | €* ***Parken:*** *am Ortseingang*

7 Locanda dei Mori

Hier gibt es Fisch und Meeresfrüchte in allen Formen und Farben, aufgetragen wird an der großen Tafel im Innenhof. ***Infos:*** *tgl. | SP90, Km 5 | Santa Teresa Gallura | an der Landstraße Richtung Sassari. Achtung: enge Zufahrt, für große Womos nicht geeignet! | Tel. +39 789 75 51 68 | locandadeimori.com | €€*

STELL- & CAMPINGPLÄTZE

8 Traumstrand in Reichweite

Über dem Meer gelegener, sauberer Campingplatz. In 10 Min. erreichst du zu Fuß durch eine Fewo-Siedlung den

AGRICAMPING BASIC

Bei Petra di Cossu kannst du einfach, aber einfach einsam ein paar Nächte stehen.

schönen Strand von Rena Majore. Praktisch, denn die meisten Strände von Santa Teresa sind für Womos tabu!

Camping La Liccia

€€ | SP90, km 59
Tel. +39 07 89 75 51 90 und +39 39 59 88 99 | campinglaliccia.com
GPS: 41.180873, 9.178795

▶ **Größe:** *5 ha, 138 Stellplätze, Roulottes, Bungalows und Mobilheime*
▶ **Ausstattung:** *Bar mit Restaurant, Pool, Appartements, Mini-Markt, Animation*

9 Windsurfer's Paradise

Mit „Land of Water" wirbt diese Campinginsel, die rundum von Wasser umgeben ist. Nur ein schmaler Isthmus führt auf das Eiland, und die Surferstrände von Porto Pollo sind zu Fuß zu erreichen. Am begehrtesten sind die Stellplätze direkt am Wasser, also rechtzeitig vorbestellen. Etwas beengt.

Isola dei Gabbiani

€€€ | Loc. Porto Pollo | Palau | 24 km östlich von Santa Teresa
Tel. +39 07 89 70 40 19 | isoladeigabbiani.it
GPS: 41.19892, 9.320998

▶ **Größe:** *3,5 ha, 140 Stellplätze*
▶ **Ausstattung:** *Bar, Restaurant, Fitnessgeräte, Appartements, WLAN kostenlos, Animation, Landesteg für Boote*

Insider-Tipp
Frei stehen gegen Gemüse

Ebenfalls auf der Isola dei Gabbiani kannst du beim Gemüsehändler Korokoro mit dem Kauf einer Obst-und Gemüsekiste für 20 € frei stehen (instagram.com/aziendakorokoro)! Sei schnell und sichere dir einen von nur zwei Stellplätzen und natürlich köstliches Obst und Gemüse!

10 Kleiner Bauernhof mit Basics

Nur wenige Stellplätze mit Aussicht (besser vorbuchen) und fast nichts außer Ruhe, Einsamkeit und ein paar Gemüsegärten und Kuhweiden.

Agricamping – Agriturismo Petra di Cossu

€ | loc. Petra di Cossu | Santa Teresa Gallura
Tel. +39 32 83 24 69 14 | petradicossu.it
GPS: 41.191766733095, 9.1920375823974

▶ **Größe:** *0,1 ha, 2–3 Stellplätze*
▶ **Ausstattung:** *Agriturismo, Duschen und Toiletten, keine Entsorgung*

MÄRCHENFIGUREN AM CAPO TESTA

Hier war nicht Walt Disney am Werk, sondern Wind und Wetter: Steinfigur an der Punta Acuta.

Auf einsamen Kurven durch die Granitlandschaft des Nordostens
Gallura Cruising

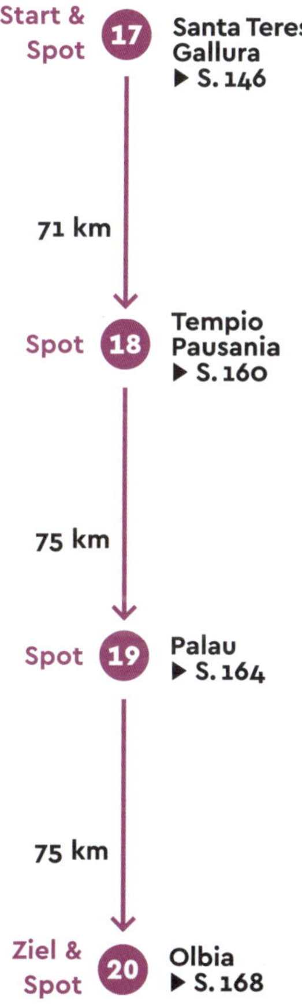

Die Nordwestspitze Sardiniens ist eine der schönsten Ecken der Insel, dank der Kurvenstrecken durch endlos scheinende Granitfelslandschaften, der Sommerfrische des Limbara-Massivs, unzähligen Buchten von Palau bis Pittulongu sowie den einfach nur unglaublich schönen Maddalena-Inseln. Wer sich von Warnschildern nicht einschüchtern lässt, kann sogar mit gebührendem Abstand auf das Stars-und-Sternchenparadies der Smaragdküste spähen.

Strecke 221 km

Reine Fahrzeit 4 Std. 30 Min.

Streckenprofil Sehr steiler Anstieg zum Klein-Korsika, dann teilst du dir die Premiumstrecken der Costa Smeralda mit Sportwagen und Luxuskarossen.

Empfohlene Dauer 4–5 Tage

Anschlusstouren

E A

FACTS

Tour F im Überblick

Tour-Highlights
Entlang der *Costa Smeralda* Stars und Sternchen aus der Ferne gucken ▶ S. 158
Auf nach Klein-Korsika in das Granit- und Pinienparadies des *Monte Limbara* ▶ S. 161
Erste-Sahne-Stellplatz mitten im Inselparadies auf *La Maddalena* ▶ S. 165
In das kleinste Königreich der Welt übersetzen – *Tavolara* ▶ S. 169
Villaggio Piras
La Madalena
Maddalena
19
Palau
Seite 166
Baja Sardinia
Poltu Quatu
Porto Cervo
Cannigione
Arzachena
Porto Rotondo
Cugnana Verde
Pittulongu
Olbia
Seite 168
20
Murta Maria
SS729
SS131DCN
Enas
Loiri
Trudda

F Tourenverlauf

Start 17

Santa Teresa Gallura
Sardiniens Brücke zum Nachbarn im Norden ▶ **S. 146**

Optionaler Anschluss: Tour 

42 km Auf der ersten Etappe dieser Tour ist der Weg das Ziel – denn die Landschaft ist herrlich schön! Auf der gut ausgebauten SS133bis geht es über Porto Pozzo, dann durch das Liscia-Tal und ab in die Berge Richtung Tempio Pausania. Auf der Höhe der Snackbar Ricciu kannst du einen Abstecher auf der SP14 nach Luogosanto machen!

Luogosanto und Balaiana

Der Ortsname, der soviel wie „heiliger Ort" bedeutet, stapelt zwar ganz schön hoch, aber was sich am Ortsende der kleinen Gemeinde befindet, hat etwas Gesegnetes an sich. Gut ausgeschildert ist der steile, aber sehr schöne Pfad hinauf zum Castello di Balaiana. Nach etwa 15 Minuten erreichst du die mittelalterliche kleine Schlossruine aus der Zeit, als Sardinien in unabhängige Judikate gegliedert war. Wenige Schritte entfernt, thront die kleine, pittoreske Landkapelle San Leonardo. Aus massiven Granitsteinen gestapelt, ruht das romanische Kirchlein hoch über einer herrlichen Granithügellandschaft. Was für ein Ausblick! Vielleicht ist das wirklich ein heiliger Ort?

P *großer Parkplatz bei GPS 41.046937, 9.246683, dort zahlreiche Picknickmöglichkeiten*

29 km Jetzt geht es zurück auf die Hauptstraße Richtung Tempio Pausania. Ziemlich einsam schlängelt sich die SS133 in Richtung der einstigen Kapitale Nordostsardiniens mit ihrem komplett aus grauen Granitquadern errichteten historischen Stadtzentrum. Unterwegs nur Kurven, Korkeichen und Granittupfer in der weiten Landschaft.

Spot 18

Tempio Pausania
Wald, Wind und Wasserquellen ▶ **S. 160**

23 km Nach dieser Landpartie geht es langsam, aber kurvig zurück Richtung Küste. Von Tempio aus führt dich die SS127 durch das Industriegebiet der Gallura, wo sich unzählige Korkschalen auf riesigen Lagerflächen stapeln. Hier werden weit mehr als kitschige Flaschenverkleidungen und Postkarten aus Kork produziert. Eine kleine, auf das Naturmaterial spezialisierte Industrie fertigt moderne Dämm- und Isoliermaterialien bis hin zu Yogamatten. Am schönsten sind die imprägnierten Korkschalen aber in ihrer klassischen Naturform, die die Sarden, mit aromatischen Myrtenblättern belegt, zum Anrichten ihres traditionellen Spanferkels verwenden. Bei **Calangianus** wechselst du auf die SS136 Richtung Olbia/Arzachena. Immer wieder kannst du am Straßenrand geschälte Korkeichenstämme erkennen. Recht unvermittelt taucht links eine Abzweig Richtung „Diga Liscia" (SP137) auf.

Olivastri millenari di Luras

Am Nordufer des Stausees Lago di Liscia, versteckt sich mit den 1000-jährigen Olivenbäumen ein wahres Naturwunder. Nahe dem **Landkirchlein San Bartolomeo** wurzeln unmittelbar nebeneinander drei gigantische wilde Olivenbäume. Alle kerngesund und üppig grün. Der größte bringt es auf unglaubliche 4000 bis 4500 Jahre. Mit einem Stammumfang von 12 m und seiner ausladenden Krone präsentiert er sich wie ein natürlicher Tempel.

i *April–Nov. 10–18 Uhr | ab 9 J. 3 € | Tel. +39 33 93 66 84 78 | | olivastri millenariluras.it*

P *bereits unten am Straßenrand bei GPS 41.004671, 9.255339*

1000 JAHRE SIND DOCH KEIN ALTER

... erst recht nicht für die majestätischen Olivenbäume von Luras.

F Tourenverlauf

38 km Um den Liscia-Stausee führt kein Womo-tauglicher Rundweg, deswegen musst du hier wohl oder übel umdrehen! Die Straße Richtung Sant'Antonio di Gallura heißt jetzt SP38. Am Kreisverkehr Richtung Sant'Antonio abbiegen und auf der kurvigen, aber gut ausgebauten SS427 Richtung Arzachena weitercruisen.

Arzachena

In den Supermärkten und Discountern der Kleinstadt und Gemeinde der Costa Smeralda decken sich nicht nur die Reichen und Schönen der Smaragdküste mit Champagner und Kaviar ein, sondern auch Normalsterbliche. Wenn du schon einen der wenigen camperfreundlichen Parkplätze am Ort unterhalb des Dettori-Supermarkts *(GPS 41.080420, 9.386024)* ergattert hast, darfst du den kleinen Spaziergang zum **Fungo** nicht versäumen. Der gigantische, nur wenige Hundert Meter vom Zentrum entfernte Granitfels erinnert an einen riesigen Pilz, der Arzachena überragt.

P *bei den Supermärkten am Ortsausgang Richtung Cannigione*

Insider-Tipp
Betucht kauft beim Bauern

Mittwochs gibt es einen Wochenmarkt, der sich auf der zentralen Piazza und in den umliegenden Gassen verteilt. Hier kaufen alle ein, nicht nur die Reichen und Schönen.

WOHIN DES WEGS?

Der Treppenaufgang zur kleinen Pilgerkirche Santa Lucia in Arzachena wird alle Jahre wieder von Künstlern neu gestaltet.

14 km Nur noch wenige Kilometer trennen dich vom Meer: Die Hauptstraße SS125 Richtung Palau führt dich zum Startpunkt für Touren in das Inselparadies La Maddalena.

Spot 19

Palau

Dem Inselparadies so nah! ▶ **S. 164**

14 km Von Palau führt dich die Küstenstraße unterhalb des Bärenfelsens Richtung Cannigione. Vorsicht an einem Aussichtspunkt, hier führt die Hauptstraße geradewegs zum Capo d'Orso, du musst aber scharf rechts Richtung „Le Saline/Cannigione/Campeggio Capo d'Orso" abbiegen! Vorbei an dem Campingpark **Villaggio Capo d'Orso** *(capo dorso.it)* gibt es entlang der Strecke mehrere Parkmöglichkeiten, um ans Meer zu gelangen.

Insider-Tipp

Womofreundlich am Wasser ...

*... ist ganzjährig ohne Höhenbegrenzung der Strand von **Tanca Manna** (Parkplatz gegenüber des Hotels Sporting bei GPS 41.133566, 9.433300).*

Kurz dahinter liegt die Ferienhalbinsel **Isuledda** mit ihren Stellplätzen direkt am Wasser, einem Wellnesszentrum und großem Sportangebot *(Loc. Laconia | Tel. +39 07 89 8 60 03 | €€€ | isuledda.it | GPS 41.129739, 9.434480)*. Über die SP13 fährst du nach Cannigione.

Cannigione

Der ehemalige Fischerhafen hat sich im Windschatten der Costa Smeralda zu einem mondänen Jachthafen mit Bars, Boutiquen und Dolce Vita gemausert. Weil die Durchgangsstraße nur noch verkehrsberuhigt und einspurig durch den Ort führt, steuerst du am besten den Parkplatz vor der Guardia Medica Turistica an *(GPS: 41.108502, 9.436987)*.

17 km Kaum raus aus Cannigione, erreichst du auch schon den der Costa Smeralda am nächsten gelegenen Camperspot: Das **Villaggio Camping Golfo di Arzachena** ist eine top-gepflegte Anlage mit schattigen Eukalyptusreihen, schönem Pool mit Liegeterrassen und gutem Restaurant *(SP13, Km 3,8 | Tel. +39 078 98 81 01 | €€ | campingarza chena.it | GPS 41.096246, 9.435733)*. Weiter geht's nach links über die SP162 und SP59bis durch ein weites Flusstal Richtung Baia Sardinia und erneut links die Ostküste des Golfo di Arzachena entlang gen Norden. Der nächste Teil der Strecke führt durch das Herz der **Costa Smeralda.** Nicht, dass Womos hier besonders willkommen wären. Unzählige Verbotsschilder sollen abschrecken, was nicht ins perfekte Bild des VIP-Paradieses passt. Über Baia Sardinia führt die Strecke Richtung Porto Cervo.

Porto Cervo

Die Via Sa Conca und die Via Porto Cervo entlang kannst du nur erahnen, welcher Luxus sich hinter den auf alt gemachten Hoftoren aus lackiertem Wachholderholz versteckt.

Stella Maris
Einen camperfreundlichen Ausblick auf Stars und Sternchen gewinnst du vom Kirchenvorplatz der Stella Maris an der SP59 aus. Wenn dich die Verbotsschilder schrecken, stelle dein Gefährt vor der Zufahrt am Straßenrand ab. Diese Kirche ist ein Höhepunkt der berühmten neosardischen Costa-Smeralda-Architektur; in ihrem Innerem kannst du sogar einen echten El Greco bewundern. Völlig gratis ist die Premiumaussicht auf den Hafen, in dem in den Sommermonaten die größten Jachten der Welt vor Anker gehen.

13 km In **Abbiadori** steigt die Straße im Kreisverkehr links Richtung Cala di Volpe ab. Deine Beifahrer haben einen Premiumblick auf die Bucht vor dem gleichnamigen Luxusresort, in dem schon James Bond abstieg. Der checkte allerdings mit einem Lotus Esprit ein, die meisten Gäste des Fünf-Sterne-Hauses haben nicht weniger teure und wendige Gefährte. Als Camper bleibt dir hier nur der Weitblick! Deswegen: Nimm den nächsten Abzweig Richtung Olbia auf der engen Küstenstraße, auf der fast immer ordentlicher Verkehr herrscht. Wenn du von Norden kommst, kannst du den Stein leicht übersehen. Deswegen besser schon auf Höhe der Einfahrt vom Strand Rena Bianca den Blinker links setzen *(GPS 41.044771, 9.518776)*. 50 m weiter gibt's auf der rechten Straßenseite eine Haltebucht.

Kein Costa-Smeralda-Trip ohne ein Bild auf dem berühmten Stein! Der Granitfels mit der weltberühmten Aufschrift mit der Costa Smeralda im Hintergrund ist ein etwas kitschiges Fotomotiv, das jedoch in keiner Selfiestory fehlen darf.

31 km Immer weiter Richtung Olbia kommst du am **Campingplatz Cugnana** *(Loc. Cugnana | Tel. +39 07 89 3 31 84 | €€€ | campingcugnana.it | GPS 41.005271, 9.504989)* vorbei. Es lohnt aber noch ein Abstecher über Pittulongu. Deshalb nach der großen Tankstelle Richtung Golfo Aranci und Porto Rotondo abbiegen. Zunächst schnurgerade geht es auf der SP16 auf Porto Rotondo zu. Bei Marinella steigt die Straße an, an einer Haltebucht kannst du das **Panorama** auf den gleichnamigen Golf von Marinella bewundern. Am großen Kreisverkehr vor **Golfo Aranci** (hier Abzweig zu Capo Figari) führt die Küstenstraße auf Olbia zu. Die herrliche, kurze Panoramastrecke ist für viele Reisende, die am kleinen Fährhafen von Golfo Aranci ankommen, der erste Eindruck von Sardinien – und der kann sich sehen lassen. Mehrere für Camper gesperrte Stichstraßen führen zu kleinen Buchten und den Stränden von **Pittulongu.** Olbia empfängt dich ganz unstandesgemäß mit dem größten Industriegebiet Nordostsardiniens – also schnell durchbrausen, wenn du dich nicht in einem der zahlreichen Läden und Märkte versorgen möchtest.

Ziel & Spot 20

Olbia

Tür und Tor Sardiniens ▶ **S. 168**

Optionaler Anschluss: Tour A

AUSSICHTSREICH

Bis zur Isola Tavolara reicht der Blick vom Pellicano Beach in Pittulongu.

Tempio Pausania
Wald, Wind und Wasserquellen

Hier in den Bergen Nordsardiniens stehst du im Wald – genauer gesagt im unendlichen Korkeichenwald oder im Seekiefernforst des Limbara-Massivs. Aus dem Grün ragt Granit, die gewaltigen Steinspitzen von Aggius sind weithin zu erspähen. Bisweilen gespenstisch wirken tagsüber die endlosen Alleen der ganz aus hellem Granit errichteten Altstadt von Tempio. Ein anderes Bild bietet Tempio in den Abendstunden – dann wird von der Altstadt bis zu den mineralischen Quellen von Tempio, die schon die Römer zu schätzen wussten, um die Wette flaniert.

P *gute Parkmöglichkeiten für eine Besichtigung von Tempio Pausania in der Via delle Terme, GPS 40.895915, 9.096316*

KLEIN-KORSIKA

Kiefernwälder und Funkantennen krönen den Monte Limbara.

AKTIVITÄTEN & SIGHTSEEING

1 Picknick im Park aufbauen

Mach' es wie die Sarden und pack deine Picknicksachen in dem kleinen schattigen Stadtpark von **San Lorenzo** aus. Platz dafür gibt es zu Genüge!

2 Was rastet, das rostet …

Eisenbahnfans aufgepasst: In Tempio ging es einst heiß her – davon zeugt ein Friedhof von Dampflokomotiven, die aufs Abstellgleis geraten sind. In der Wartehalle des kleinen Bahnhofs **Stazione di Tempio Pausania** scheint die Zeit stehen geblieben zu sein: dunkle Holzvertäfelungen, Landschaftsmalereien des sardischen Künstlers Giuseppe Biasi, alles original erhalten! ***Infos:*** *Zugverkehr gibt es noch: Die 59 km lange Schmalspurbahn benötigt von Palau nach Tempio hin und zurück 7 Std. Mehr Infos: treninoverde.com* ***Parken:*** *vor dem Bahnhofsgebäude bei GPS 40.897771, 9.105020*

3 Gallura-Landschaft mit Granittupfern erwandern

Kurzer Abstecher nach **Aggius:** Hier hat der Granit die wildesten Formen angenommen, die du dir vorstellen kannst! Im Valle della Luna („Tal des Mondes"), haben in der letzten Eiszeit Gletscher, Wind und Wetter bizarre Felsen geschaffen, hausgroße Findlinge aus Granitsein hin- und hergeschoben und Felsbrocken übereinander getürmt. Sie bilden eine schier endlose Landschaft aus Granit, Tafoni-Felsen und Steinplateaus, die von ockergelben und karminroten Flechten, Brombeerbüschen, Myrthenhecken, Ginster und Schwarzdorn überwuchert sind. ***Infos:*** *7 km nordwestlich von Tempio Pausania | Start und Ziel der kurzen Runde ist der kleine Stadtpark Parco Santa Degna mit plätscherndem See und schnatterndem Federvieh. In Aggius bei GPS 40.927989, 9.058497 bergauf Richtung „Valle della Luna", weiter bis zum Aussichtspunkt mit Wendemöglichkeit, GPS 40.967010, 9.022098.*

4 Kurven und Kiefern in Klein-Korsika erleben

Auf den **Limbara,** den höchsten Berg Nordsardiniens, geht es in engen Kurven weit bergauf – Korsika lässt grüßen! Hier kommt dein Womo ganz schön ins Schwitzen, aber du hast es besser: Oben ist es selbst im Sommer angenehm kühl. Bei Valliciola wartet ein schattiges Wäldchen mit Quelle und Picknickbänken auf dich. Weiter geht es vorbei an den Resten einer ehemaligen Funkstation der US-Armee auf den höchsten Punkt, den Parkplatz an den Funkantennen der italienischen Rundfunkgesellschaft RAI. Über die gesamte Gallura und bis hinüber ins ferne Korsika reicht der Rundblick!

Insider-Tipp
Kraxeln zum Badebecken

Über ein paar Granitsteine geht es am Westhang des Monte Limbara auf einem ansonsten gut ausgebauten Wanderweg in gut zwei Stunden bis zu den Badegumpen von ***Riu Pisciaroni.***

ESSEN & TRINKEN

5 Li Mulini

Fleisch aus aller Welt gibt es bei Laura und Alessandro von Li Mulini, auf halber Strecke zwischen Tempio und dem Limbara gelegen. Der Grillrost steht hier noch auf offenem Feuer! ***Infos:*** *tgl. | Loc. Li Mulini | Tempio Pausania | enge, holprige Zufahrt bis GPS 40.882507, 9.144459 | Tel. +39 377 13 75 30 98 | Facebook: limulini | €€*

6 Il Muto di Gallura

Exzellente Landküche und eigenen Wein gibt es im Agriturismo Il Muto di Gallura. Nach dem üppigen Mahl tut ein Verdauungsspaziergang gut: Hinter dem Hof führt ein Pfad an den Ställen vorbei durch einen Steineichenwald. Folge den Schildern „Laghetto" bis zum kleinen Park von Santa Degna. Einfach fragen, ob du dein Womo nach dem Abendessen über Nacht stehenlassen kannst! ***Infos:*** *tgl. | Loc. Fraiga | Aggius | 7 km nordwestlich von Tempio | Tel. +39 079 62 05 59 | mutodigallura.com | €€*

7 La Gallurese

In der etwas versteckt gelegenen Trattoria schwingt Mamma Rosa seit 1976 den Kochlöffel und zaubert damit neben *zuppa Gallurese* (Brotauflauf mit Schafsbrühe und geriebenem Schafskäse) auch leckeres Lamm in Weißwein, Schnecken und süßsaures Ferkel auf den Tisch. ***Infos:*** *Di–So | Via Novara 2 | Tempio Pausania | Tel. +39 07 96 39 30 12 | €*

BERUHIGEND

Alle Versuche, in Vallicciola einen professionellen Stellplatz zu betreiben, scheiterten. Fließend Wasser gibt es trotzdem.

EINKAUFEN

8 Anna Grindi

Kunst und Klamotten aus Kork gibt es in diesem Laden in Tempio. Egal ob Kleider, Handtaschen, Schmuck oder Alltagsgegenstände – das Patent für den 100 % nachhaltigen Korkstoff Vegetable Fibres hält die Designerin Anna Grindi. ***Infos:*** *tgl. 9.30–17.30 Uhr | Via Roma 47 | Tempio Pausania*

STELL- & CAMPINGPLÄTZE

9 Unter Korkeichen das Leben genießen

Toller Hof mit Stellplätzen im Korkeichenwäldchen, eine Viertelstunde außerhalb von Tempio. Abends gibt es für alle Gäste sensationelle Landküche an der großen Tafel! Ziegenfleisch, Eier, Obst und Gemüse stammen aus eigener Bio-Produktion. Tipp für deine Morgenrunde: Gleich hinter dem Hof geht es steil bergauf auf den Granitmonolithen des Monte Pulchiana. Der sogenannte Inselberg ist ein Wahrzeichen der Gallura und durch einen komplexen Verwitterungsprozess entstanden.

La Cerra Azienda Agricola Agriturismo

€€ | Loc. Stazzo La Cerra Tempio Pausania
Tel. +39 347 5 60 64 62 | agriturismolacerra.it
GPS: 40.989008, 9.134912

▶ **Größe:** *0,1 ha, 7 Zelt- und Stellplätze*
▶ **Ausstattung:** *Restaurant, Strom, Duschen, WC, keine Entsorgung, nur für Vans bis 6,50 m*

10 Fast ganz für sich sein

Mitten auf dem Limbara in 1057 m Höhe wird dich und deinen Camper nachts kaum eine Menschenseele stören. Da bislang sämtliche Versuche gescheitert sind, einen automatischen Camperservice und Versorgungssäulen zu installieren, kann man hier frei stehen. Wasser gibt es 100 m weiter im ausgeschilderten Brunnen.

Vallicciola

Loc. Vallicciola | Tempio Pausania
GPS: 40.851491, 9.152228

▶ **Größe:** *Keine Größe, freies Stehen*
▶ **Ausstattung:** *Wasserquelle, kein Strom, keine Entsorgungsmöglichkeiten, zur Saison Bar und Restaurant*

Palau

Dem Inselparadies so nah!

Palau, der Hafen für das 15 Schiffsminuten entfernte La Maddalena, ist ein netter Küstenort mit Bars, Restaurants und Fischerkneipen. In den Abendstunden kannst du hier bummeln und italienisches Flair genießen. Die großartigen Granitformationen am Capo d'Orso, die artenreiche, hohe Macchia und tolle Sandbuchten entlang der Küste bis Cannigione sind so schön, dass man die Hügel mit einem Wildwuchs an Bausünden hat überziehen lassen, um dem Badeglück ganz nah zu sein. Also beim Plantschen besser immer Richtung Meer schauen!

P *großer Parkplatz am Jachthafen bei GPS 41.178107, 9.385731*

BÄRENSTARK

Der Pelz dieses Bären ist aus Granit: die Roccia dell'Orso bei Palau.

AKTIVITÄTEN & SIGHTSEEING

1 Auf den Bärenfelsen steigen

Am Ende der Straße des **Capo d'Orso** liegt der Eingang zum „Bären" *(orso)*, einem riesigen, unglaublich bizarr verwitterten Felsen. Nach oben führt dich ein 500 m langer Stufenpfad. Mit etwas Fantasie kannst du einen Bären erkennen, auf jeden Fall aber dem Pelzgetier durch die Beine auf Palau und das Archipel gucken – ein Wahnsinnsfotomotiv. Zum Sundowner am Capo d'Orso musst du aber rechtzeitig da sein! ***Infos:*** *Ostern–Okt. 9 Uhr bis 30 Min. vor Sonnenuntergang | 3 €, Kinder ab 10 J. 2,50 €* ***Parken:*** *großer gebührenpflichtiger Parkplatz bei GPS 41.172452, 9.416144*

2 Isola La Maddalena

Die engen Gassen von Palau und La Maddalena sind nicht für Camper gemacht, also außerhalb parken und Flair genießen oder eine Vespa mieten! Auf der Hauptinsel des Archipels kannst du auf der Strada Panoramica eine herrliche Inselrunde drehen. Die Nachbarinsel **Caprera** ist für Camper gesperrt. ***Infos:*** *Überfahrt mit Delcomar hin und zurück pro Person ca. 10 €, Camper ca. 55 € | Vespaverleih am Hafen, z. B. bei Mega Motors, Via Amendola 2, La Maddalena, Tel. +39 0789 73 76 06* ***Parken:*** *großer Parkplatz am Jachthafen von Palau bei GPS 41.178107, 9.385731*

3 Abtauchen ins Paradies

Inseln wie Sand am Meer, die schönsten Buchten des Mittelmeers – das azurblaue **Maddalena-Archipel** zwischen Sardinien und Korsika sucht auf der Welt seinesgleichen. Am besten gehst du bei einem der vielen Bootsanbieter an Bord, die Touren mit Badestopps anbieten. Faustregel: Je teurer, desto exklusiver ist das Traumstranderlebnis, weil kleinere Buchten angefahren werden. Porto della Madonna steuern aber alle an: Die knietiefe Meerenge zwischen Budelli, Razzoli und Santa Maria ist herrlich türkisgrün wie in der Karibik! ***Infos:*** *Touren ab Cannigione von consorziodelgolfo.it, Buchung von Ausflügen aller Preisklassen ab Palau bei sardinia4all.de*

4 Steinzeitliche Perfektion

Eine Viertelstunde Fußweg und deswegen kaum besucht ist der top erhaltene Mini-Tempel von **Malchittu**, ein rechteckiger Megaronbau aus der Nuraghierzeit. Die Aussicht in 120 m Höhe ist grandios, beeindruckend auch der Nuraghenkomplex Albucciu auf der anderen Straßenseite. ***Infos:*** *tgl. 9–19 Uhr | 4 €, Kinder bis 12 J. frei* ***Parken:*** *großer Parkplatz am Infopoint Turismo Malchittu bei GPS 41.068837, 9.409959*

ESSEN & TRINKEN

5 La Gritta

Der Blick von der Terrasse ist atemberaubend. Muscheln, Fisch und Krustentiere entfalten bei Simona und Roberto ihr volles Aroma, die Desserts sind verführerisch. ***Infos:*** *Nov.–März Do–Di, sonst tgl. 12.30–14.30 und 19.30–22.30*

Uhr | Via del Faro 8 | Palau (vom Camping Acapulco zu Fuß zu erreichen) | Tel. +39 07 89 70 80 45 | ristorantelagritta.it | €€€

6 Pizzeria da Serafino e Giovanni

In einer Seitenstraße am Ortseingang von Cannigione gelegen. Pizza und Hamburger in großen Portionen, oder Scrocchiatella, das sind üppig belegte Pizzabrotfladen, die auch jeden noch so großen Hunger stillen! ***Infos:*** *Viale Normandia 1 | Cannigione | Tel. +39 078 98 80 88 | daserafino.it | €€*

7 Il Vecchio Mulino

364 Tage im Jahr geöffnet, gehst du hier in der Nähe von Arzachena auf Nummer sicher, was Essen und Preis angeht. Auch die großen Pizzen können sich sehen lassen! ***Infos:*** *tgl. | Località Moro SS125, km 339 | Arzachena | Tel. +39 78 98 19 43 | €€*

AUSGEHEN & FEIERN

8 Baja Sardinia

Flavio Briatore ist kein Camperfreund: Vor seiner Edeldisko Billionaire, wo der Eintritt fast soviel kostet, wie der Name vermuten lässt, wirst du keinen Parkplatz bekommen. Besser ab nach Baja Sardinia, Sardiniens traditionsreichstem Nightlife-Spot! Die flache Sandbucht mit herrlichen Wasserfarben bietet tolle Restaurants direkt am Strand. ***Parken:*** *Campergeeignete Parkplätze nur am Ortseingang bei GPS 41.136806, 9.478366*

Insider-Tipp
Burgruine statt Billionaire

Ein Disko-Dauerbrenner: die in die Granitfelsen gebaute Fakeburg-Ruine ***Ritual Club,*** *deren Tanzpisten alle Jahrgänge von Costa-Smeralda-Gästen gesehen haben (ritual.it, bei GPS 41.1341809,9.4742681).*

GUT UNTERGEKOMMEN

Vom Restaurant des Abbatoggia Village hast du einen mächtig schönen Blick auf die Straße von Bonifacio.

STELL- & CAMPINGPLÄTZE

9 Direkt am Meer

Wenn dein Vordach nur ein Granitblock vom glasklaren Wasser trennt, dann bist du am Acapulco gelandet! Im Sommer kann es auf dem kleinen Platz etwas enger zugehen und Stellplätze können leider nicht vorreserviert werden – zu begehrt sind die besten Plätze!

Villaggio Camping Acapulco 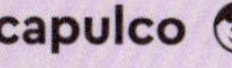

€€ | Località Punta Palau | Palau
Tel. +39 366 1 77 46 95 | campingacapulco.com
GPS: 41.18613, 9.376843

▶ **Größe:** *1,7 ha, 170 Stellplätze, Bungalows und Mobilheime*
▶ **Ausstattung:** *Warmduschen gratis, Toiletten, Waschmaschinen, Restaurant, Kinderspielplatz*

10 Campingwelt mit Anlegesteg

Ein riesiger Campingpark liegt gleich neben den Salzwiesen des Golfo delle Saline. Zum Glück stört das die dortigen rosa Flamingos wenig. Einzige Sorge in dem Rundum-Sorglos-Camperparadies: Wie weit steht mein Womo vom Meer entfernt?

Camping Village Capo d'Orso

€€€ | Via Le Saline 1 | Palau
Tel. +39 07 89 70 20 07 | capodorso.it
GPS: 41.160284, 9.401336

▶ **Größe:** *10 ha, 355 Stellplätze, Bungalows und Mobilheime*
▶ **Ausstattung:** *Licht, Entsorgung, Strom, Duschen, Animation, Restaurant, Strandservice, Windsurfschule, SUP-Verleih, Segelschule, Tauchschule, Tennis- und Fußballplätze*

11 Direkt im Inselparadies

Windzerzauste Felsen, geduckte Vegetation, herrliche Strand-Separees und glasklares Wasser – und mitten in diesem Paradies das Abbatoggia Village! Einfach, sauber, abgelegen und zum Glück mit einem guten Restaurant vor Ort. Die Camperstellplätze liegen etwas separat an einer eigenen Bucht.

Abbatoggia Village

€€ | Loc. Abbatoggia | La Maddalena
Tel. +39 38 83 92 42 29 | abbatoggiavillage.it
GPS: 41.253586, 9.404345

▶ **Größe:** *6 ha, 100 Stell- und Zeltplätzeplätze, Bungalows und Mobilheime*
▶ **Ausstattung:** *Duschen, Toiletten, Waschmaschinen, Restaurant mit Pizzeria, Tretbootverleih, Shuttle-Service ins Zentrum von La Maddalena, Themenabende und Live-Musik*

Spot 20

Olbia
Tür und Tor Sardiniens

Olbia ist für die Mehrzahl der Sardinienurlauber die erste Begegnung mit der Insel. Sie ist heute die touristische Hauptstadt der Insel, die im Sommer aus allen Nähten platzt und im Winter in einen Tiefschlaf fällt. Das historische Zentrum ist klein, aber fein mit Geschäften, Bars und Cafés belebt. Südlich der Stadt geht es an den Stränden lebhaft zu, und in den Bergen von San Pantaleo schnupperst du fast schon Costa-Smeralda-Luft.

LAND IN SICHT

Olbias Flaniermeile Corso Umberto führt optisch geradewegs auf die Insel Tavolara zu.

AKTIVITÄTEN & SIGHTSEEING

1 Eine Nekropole im Parkhaus entdecken

Unter der pittoresken mittelalterlichen Kirche **San Simplicio** liegt einer der wichtigsten archäologischen Funde von Olbia: 450 Grabstätten aus römischer Zeit, die man beim Bau einer Tiefgarage entdeckte. ***Infos:*** *Mo, Mi, Sa 10–13 Uhr | 5 € | Piazza San Simplicio | aspo.it/necropoli-san-simplicio*

2 Mit dem Mountainbike Mufflons erspähen

Capo Figari ist ein Naturschutzgebiet östlich von Golfo Aranci. Hinter der idyllischen **Cala Moresca** startet der steile Aufstieg zum **Semaforo,** dem verfallenen Leuchtfeuer des Capo Figari. Vielleicht entdeckst du unterwegs ausgewilderte Mufflons. Keine Hunde erlaubt. ***Parken:*** *Fahre hinter dem Fährhafen parallel zu den Schienen und durch eine Unterführung bis zum Parkplatz am Meer. Toller Stellplatz, während du auf die Fähre wartest.*

Insider-Tipp
Wo Delfine futtern

Wer Glück hat, sieht hier sogar ein paar Delfine, die genau wissen, wann die Fische in der Aquakultur vor Golfo Aranci zu Abend essen.

3 Auf das kleinste Königreich der Welt übersetzen

Majestätisch sieht er aus, der gewaltige Bergrücken von **Tavolara,** der sich aus den Fluten vor der Nordküste Sardiniens erhebt. Es sei das kleinste Königreich der Welt, behauptet seine Majestät Tonino Bertolini. Karl Albert von Sardinien-Piemont habe einem seiner Vorfahren beim Besuch der Insel 1836 die Königswürde verliehen – davon ist man auf Tavolara felsenfest überzeugt. ***Infos:*** *Überfahrt mit der Personenfähre ab Porto San Paolo, zur Saison halbstündlich 18 €, Kinder hin und zurück 10 € | 17 km südlich von Olbia | tavolaratraghetti.it* ***Parken:*** *Wenige, enge Parkplätze am Hafen bei GPS 40.879724, 9.635312, großer Parkplatz am Hotel Il Faro di Molara (GPS 40.880471, 9.633661)*

Insider-Tipp
Königlicher Ausblick

Rechts des Anlegers führen Trampelpfade kreuz und quer bergauf. Ohne Kletterausrüstung ist auf halber Höhe Schluss, die Aussicht aber auch hier der Wahnsinn.

REGENTAG – UND NUN?

4 Schifffahrtsgeschichte gratis bestaunen

Im Hafen von Olbia kamen beim Bau des Stadttunnels römische Galeeren und mittelalterliche Handelsschiffe zum Vorschein, die einen Sonderparkplatz im **Museo Archeologico di Olbia** verdient haben. ***Infos:*** *Di–So 8–13 und 16–19 Uhr | Eintritt frei* ***Parken:*** *Langzeitparkplätze vor Molo Brin (GPS 40.921785, 9.505734)*

5 Im Premium-Strandparadies Porto Taverna relaxen

Kristallklares Wasser, feiner, schneeweißer Sand und eine seichte Strandlagune, in der Reiher und Purpurhühner schnattern. Der fantastische, flach abfallende Strand 19 km östlich von Olbia mit Frontalblick auf die Tavolara-Insel ist auch für Kinder ein Paradies. ***Parken:*** *gebührenpflichtiger, camperfreundlicher Parkplatz bei GPS 40.859147, 9.652593*

ESSEN & TRINKEN

6 Caffé Nina

In San Pantaleo am Rande der Costa Smeralda haben sich Künstler und Kunsthandwerker angesiedelt. Jeden Donnerstagmorgen wird das Geschaffene auf dem Künstlermarkt feilgeboten, am besten zu beobachten bei einem Aperol Spritz und einem großen Aperitivo-Teller bei Nicola direkt auf der Piazza. ***Infos:*** *tgl. | Piazza della Chiesa | San Pantaleo | Tel. +39 338 3 68 72 88 | caffenina.it | €€* ***Parken:*** *an der Hauptstraße auf Höhe der Tankstelle bei GPS 41.045865, 9.469904 oder 41.046490, 9.466891*

7 Il Mattachione

Am Stadtrand von Olbia haben Rossella und Giuseppe ein kleines Spitzenrestaurant eröffnet. Hervorragendes Essen, erlesene Weine und fantasievolle Karte mit sardischen Spezialitäten. ***Infos:*** *Mo–Sa 12–14.30 und 19–22.30 Uhr | Via Copenhagen 82/84 | Tel. +39 38 02 40 53 68 | ilmattacchione.com | €€€*

8 Ristorante Il Portolano

Das perfekte Fischerlebnis in Porto San Paolo, direkt am Wasser und mit super Blick auf die Insel Tavolara. ***Infos:*** *tgl. 12–14.30 und 19–22.30 Uhr | Via Molara 11 | Porto San Paolo | 17 km südlich von Olbia | Tel. +39 078 94 06 70 | €€€*

EINFACH UNTERWEGS

Oft braucht's nicht viel fürs Camperglück.

EINKAUFEN

9 Markttag in Olbia

Der **Wochenmarkt** ist perfekt, um sich mit Obst, Gemüse, Käse und Wurstwaren zu versorgen, außerdem jede Menge Plunder und Haushaltswaren für die Camperküche! Viele Locals decken sich hier ein. ***Infos:*** *Sa 8–13 Uhr | Via Sangallo/Viale Aldo Moro | Olbia* ***Parken:*** *lieber etwas weiter weg parken, z. B. Via J. F. Kennedy | GPS 40.936867, 9.491868*

STELL- & CAMPINGPLÄTZE

10 Der Strandnahe

Ein paar Camper dürfen hier immer eine Nacht stehen. Nur einen Katzensprung von Olbias Stadtstrand Pittulongu entfernt! Einfach in der Bar fragen.

MamaBeach

€€ | Via Tramontana 10 | Olbia-Pittulongu
mamabeach.com
GPS: 40.939001, 9.566409

▸ **Größe:** *0,1 ha, 10 Stellplätze*
▸ **Ausstattung:** *Bar und Restaurant, kein Camper-Service*

11 Der Komfortable

Basis eines Camperverleihs in Frauenhand! Die Stellplätze sind sauber, praktisch und ohne Schatten. Bis zum Ort läufst du keine zehn Minuten.

Noleggio Camper Sardegna

€€ | Via Limbara | Porto San Paolo | 17 km südlich von Olbia
Tel. +39 32 86 62 16 83 | campersardegna.net
GPS: 40.872564, 9.626488

▸ **Größe:** *0,1 ha, 18 Stellplätze*
▸ **Ausstattung:** *Camper-Service, Toiletten, Gasflaschen-Verkauf, WLAN, Videoüberwachung, Strandshuttle*

12 Der Schöne

Mit schattigen Stellplätzen, 600 m vom herrlichen Porto-Taverna-Strand.

Camping Tavolara

€€€ | Località Porto Taverna | Loiri Porto San Paolo | 19 km südlich von Olbia
Tel. +39 078 94 01 66 | camping-tavolara.it
GPS: 40.858661871862, 9.6429216257956

▸ **Größe:** *50 ha, 180 Stellplätze, Roulottes und Mobilheime*
▸ **Ausstattung:** *Bar, Restaurant, Pizzeria, Supermarkt, großer Pool, Animation und Strandshuttle im Sommer, Kinderspielplatz, Sportplätze*

Planen – Packen – Losfahren

Anreise

Auch nach Sardinien ist der Weg das Ziel – aber ein langer, egal wie du die Alpenüberquerung gestaltest. Im Hafen von Genua legen die Fähren von Tirrenia/Moby Lines *(mobylines.de)* und Grandi Navi Veloci *(gnv.it)* nach Olbia und Porto Torres ab. Von Livorno aus liefern sich Moby Lines und Lowcost-Anbieter Grimaldi Lines *(grimaldi-lines.com/de)* einen harten Preiskampf mit der besonders haustierfreundlichen Corsica Sardinia Ferries *(corsica-ferries.de)*, die den kleinen Hafen von Golfo Aranci bei Olbia ansteuert.

STRECKENCHECK

	Strecke	Entfernung / Reine Fahrzeit	Kosten
1	**Frankfurt – Basel – Luzern – Gotthardtunnel – Genua – Sardinien**	**Entfernung** 800 km **Reine Fahrzeit** ca. 10 Std.	**Kosten** • 40 € Vignette (CH) • ca. 20 € Maut (I) • Schwerlastabgabe
2	**Stuttgart – Singen – Zürich – Gotthardtunnel – Genua – Sardinien**	**Entfernung** 630 km **Reine Fahrzeit** ca. 9 Std.	**Kosten** • wie Strecke 1
3	**Ulm – Lindau – San Bernardino – Genua – Sardinien**	**Entfernung** 570 km **Reine Fahrzeit** ca. 7 Std.	**Kosten** • wie Strecke 1
4	**Stuttgart – Brig – Savona – Bastia/ Bonifacio (Korsika) – Santa Teresa Gallura**	**Entfernung** 900 km **Reine Fahrzeit** ca. 2–3 Tage	**Kosten** • wie Strecke 1
5	**München – Brenner – Livorno – Sardinien**	**Entfernung** 780 km **Reine Fahrzeit** ca. 10 Std.	**Kosten** • 45 € Brenner-Maut • ca. 10 € Vignette • Go-Box (A)

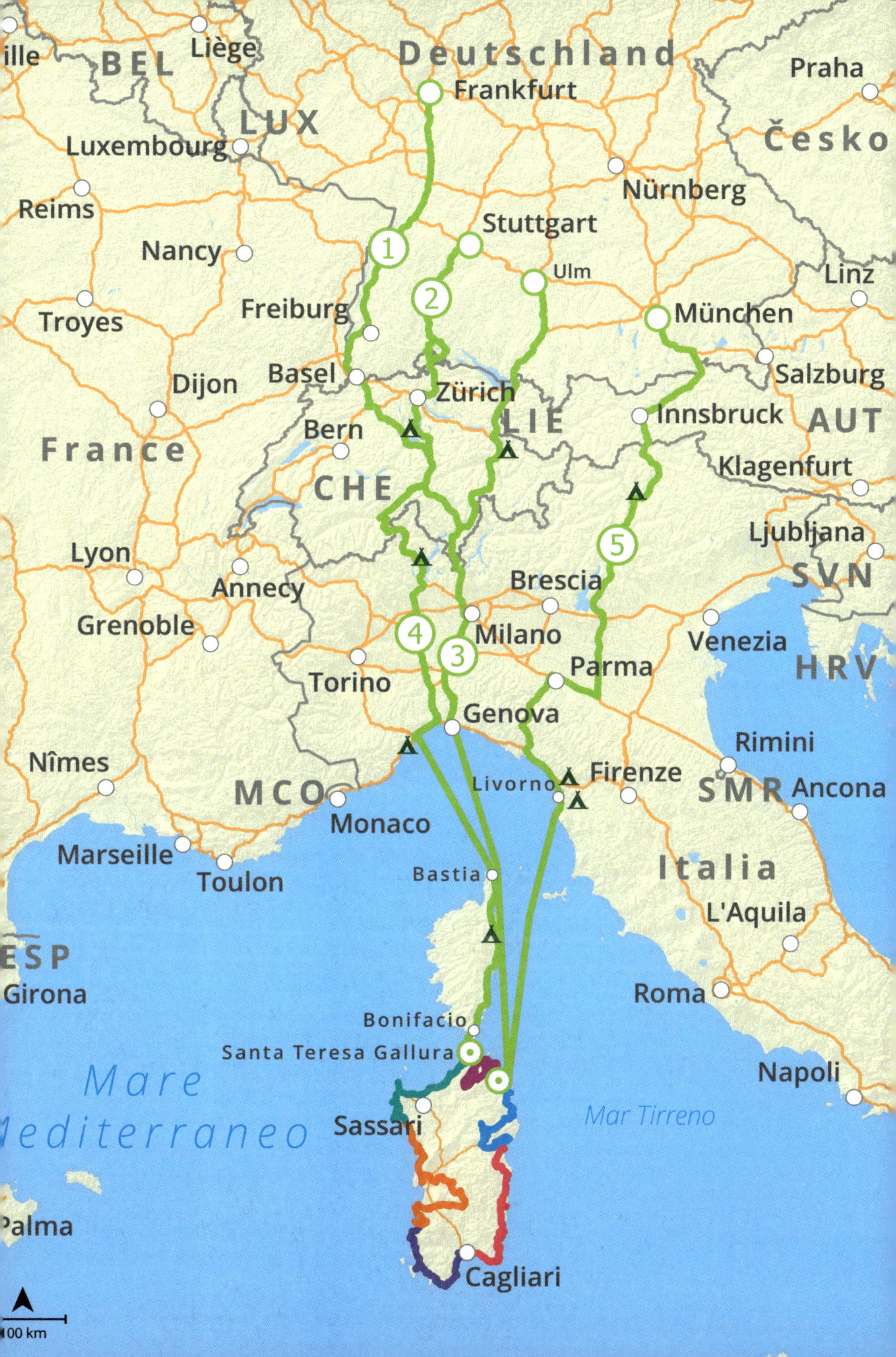

Deutschland
Frankfurt
Praha
Česko
Liège
BEL
LUX
Luxembourg
Reims
Nürnberg
Stuttgart
Nancy
Ulm
Linz
Troyes
Freiburg
München
Salzburg
Dijon
Basel
Zürich
Innsbruck
AUT
Bern
LIE
France
Klagenfurt
CHE
Ljubljana
Lyon
Annecy
Brescia
SVN
Grenoble
Milano
Venezia
Torino
Parma
HRV
Genova
Rimini
Nîmes
Livorno
Firenze
SMR
Ancona
MCO
Monaco
Marseille
Toulon
Bastia
Italia
L'Aquila
ESP
Girona
Roma
Bonifacio
Santa Teresa Gallura
Mare
Mediterraneo
Napoli
Sassari
Mar Tirreno
Palma
Cagliari
1
2
3
4
5

FRANKFURT BASEL LUZERN GOTTHARDTUNNEL GENUA SARDINIEN

Vom Westen Deutschlands führt die schnellste Route nach Sardinien über Frankfurt und Karlsruhe auf der oft staugeplagten Rheintalautobahn A5 über das schweizerische Basel. Wenn du über Luzern gen Süden steuerst (als Zwischenstopp direkt am Vierwaldstätter See empfiehlt sich **Camping International Lido Luzern** *(Lidostraße 19 | CH-Luzern | camping-internatio nal.ch/luzern) und* meidest den Stau-Schwerpunkt Zürich und cruist auf der A2 über Lugano und Chiasso auf die italienische A9, die westlich an Mailand vorbeiführt. Die zunächst sechsspurig ausgebaute Rennstrecke der Autobahn A7 führt via Tortona Richtung Genua. Bei Serravalle lohnt ein Abstecher ins Einkaufsparadies **Designer Outlet Village,** einer der größten Outlet-Malls Europas *(mcarthurglen.com/outlets/en/it/designer-outlet-serravalle).* Danach beginnt die Kurvenorgie der A7, die sich in engen Kehren durch das Scivia-Tal quält.

Die Anfahrt auf den Fährhafen Genua ist trickreich: Von der Autobahn A7 aus Mailand führt ein Zubringer (Autobahnabfahrt Genova Ovest, Porto di Genova/Aeroporto Cristoforo Colombo) direkt zum Hafen. Die Abfahrt befindet sich kurz hinter einer Kurve. Übrigens: Im Sommer bilden sich in den Abendstunden vor Abfahrt der Fähren lange Staus teilweise bis zurück auf die Autobahn. In Genua selbst ist der Weg zum Hafen fast überall ausgeschildert, allerdings können die Bezeichnungen auf der undurchsichtigen Anfahrt wechseln (Porto Passeggeri, Passenger Terminals, Terminal Traghetti, Imbarchi/Check In). Wichtig: Rechtzeitig anreisen, denn die Fährgesellschaften schreiben einen 120-Minuten-Check-in vor Abfahrt vor. Wenn du viel zu früh dran bist, dann lockt das **Acquario di Genova,** das zweitgrößte Europas mit 70 Terrarien und Aquarien mit etwa 600 Tier- und Pflanzenarten aus aller Welt *(9–20 Uhr, letzter Eintritt 18 Uhr | Area Porto Antico – Ponte Spinola | I-Genova | acquariodigenova.it).*

STUTTGART SINGEN ZÜRICH GOTTHARDTUNNEL GENUA SARDINIEN

Eine Alternative ab Stuttgart ist die Strecke über Singen. Fast ein gerader Strich auf der Landkarte wären diese 650 km über die A81 („Singener Autobahn"), wäre da nicht das Nadelöhr Grenzübergang Thayingen mit einer kurzen Strecke auf der Bundesstraße. Dafür führt dich die Schweizer A4 an Schaffhausen vorbei, wo ein Zwischenstopp mit ausgiebiger Picknickpause am Rheinfall lockt. Auf weitem Bogen geht es um die verkehrsreiche Umfahrung Zürich über die A1 und A3 auf die A4 östlich am Vierwaldstättersee vorbei auf die A2 durch den Gotthard-

Tunnel, dann weiter wie auf Streckencheck 1.

ULM LINDAU SAN BERNARDINO GENUA SARDINIEN

Von Ulm führt die A14 über Memmingen nach Lindau, dort durch den mautfreien österreichischen Pfändertunnel, dann Abfahrt Dornbirn-Süd (bis 3,5t) über die österreichisch-schweizerische Grenze von Au auf die eidgenössische A14 Chur/St. Gallen. Wenn's das für den Tag gewesen sein soll und du hier eine Übernachtung einplanst: **Waldcamping Landquart** liegt nur 5 Minuten von der Autobahn und bietet einen Stop-and-Go-Tarif von 18 bis 9 Uhr *(Ganda 21 | CH-Landquart | waldcamping.ch).*

Hinter Chur musst du dich auf Höhe Hinterrhein entscheiden: Willst du schnell durch den knapp 7 km langen San Bernadino-Tunnel oder nimmst du lieber den herrlichen Umweg über die alte Passstraße (Wintersperre von Dezember bis April)? Auf der kurvigen, aber fantastischen Bergstrecke liegen unterwegs der Bergsee Moesola und das sehr einfach gehaltene Ausflugslokal **Ospizio Passo San Bernadino** mit einem großen Parkplatz. Hinter San Bernadino windet sich die A13 in steilen Kehren Richtung Alpensüdseite zu und trifft bei Gorduno auf die A2, von dort aus geht es weiter wie auf Streckencheck 1.

STUTTGART BRIG SAVONA BASTIA BONIFACIO SANTA TERESA GALLURA

Von Stuttgart bis Göschenen auf der Schweizer A2 folgt die Tour dem Streckencheck 2. Von Göschenen geht es auf die N19. Der Furkapass führt von Realp im Kanton Uri nach Oberwald im Kanton Wallis – streckenweise 11 % Steigung, aber mit Womos gut befahrbar (Anhänger verboten). Auf 2429 m ü. M. keuchst du den Berg hinauf. Auf Höhe des Hotels Belvédère kannst du an den Rhônegletscher spazieren.

Durch das Rhônetal bis nach Brig, dort auf die A9, die in eine gut ausgebaute Landstraße ausläuft. Weiter über den Simplonpass und die Grenze bei Paglino. Vorbei an Domodossola und bei Gravellona-Toce auf die A26. Schon müde? Dann machst du am besten einen Zwischenstopp am Lago Maggiore, wo sich schon allein auf dem piemontesischen Westufer mehr als 30 Campingplätze anbieten. Schön terrassiert am Hang über dem See liegt der Stellplatz **Area Sosta Camper – Oggebbio** *(Via Martiri Oggebiesi 24 | I-Oggebbio | areacamperoggebbio.com).*

Vorbei an Vercelli und Alessandria nach Voltri, dort die Küste entlang bis Savona-Vado Ligure. Der Fährhafen von Corsica Ferries ist gut ausgeschildert. Fähre verpasst? Gleich in Hafennähe liegt der praktische Stellplatz **Area Camper Le Traversine** *(Km. 579,*

SS1 Aurelia, satservizi.org/content/area-camper-le-traversine).

Ab nach Korsika! Von Savona starten Tag- und Nachtfähren nach Bastia im Norden der Insel, die eigentlich viel zu schön ist, um nur durchfahren zu werden. Auf direkter Strecke durchkreuzt du „La Corse" von Nord nach Süd auf der T10. Ein Paradies für Camper ist die Region Aléria-Ghisonaccia, dort liegt direkt am Meer der **Camping de Bravone** *(Route des marines de Bravone, F-Linguizzetta, keine Website).* Vorbei an Porto-Vecchio steuerst du auf Bonifacio zu.

Insider-Tipp
Entspannt parken

In Bonifacio fährst du zur Stadtbesichtigung am besten den Parking du Port am Hafen an – alternative Parkplatzsuchen in der Oberstadt können nur schiefgehen!

Von der südlichsten Stadt Frankreichs gibt es zwei Fährgesellschaften, die die Strecke nach Santa Teresa Gallura in Nordsardinien bedienen *(mobylines.de, ichnusalines.com).*

MÜNCHEN BRENNERPASS LIVORNO SARDINIEN

Die Brennerroute ist für Reisende aus der Ost- und Südosthälfte Deutschlands sowie natürlich für Österreicher die schnellste Route Richtung Sardinien – mit Zielhafen Livorno. Angenehmer Nebeneffekt: Die Fähren von Livorno nach Olbia oder Golfo Aranci kosten meist um ein Drittel weniger als ab dem Hafen Genua und überqueren das Thyrrenische Meer aufgrund der geringeren Distanz in acht bis zehn Stunden. Außerdem gibt es zahlreiche schnelle Tagesüberfahrten, bei denen du auf die Kabine gut und gerne verzichten kannst. Kaum Tunnel am Brenner, schnelles Durchkommen durch Südtirol – es gibt ein paar mehr Argumente, die selbst Reisende aus dem Westen und Südwesten Deutschlands auf diese Route locken.

Nach *München* führt dich zunächst die A8, dann ab Autobahndreieck Inntal – Grenzübergang Kiefersfelden (Österreich) über die A93, auf der vor allem zu Ferienzeiten mächtig Verkehr herrschen kann. Weiter nach Innsbruck (A12) und über den Brennerpass Richtung Verona auf die italienische Autostrada del Brennero (A22). Vom einfachen Stellplatz bis zum Komfortplatz mit privatem Badhäuschen auf Hotelniveau verwöhnt dich der **Moosbauer,** außerdem mit Restaurant und Pool *(Meranerstr. 101 | I-Bozen | moosbauer.com).* Dank eines automatischen Schrankensystems kannst du auch im **Caravan Park Kalterer See** kurz oder lange stehenbleiben *(St. Josef am See 18a | I-Kaltern | caravanpark-kalterersee.it).*

Um die staugefährlichen Großstädte Bologna und Florenz zu umfahren, machst du bei Modena am besten einen Schlenker Richtung Norden auf die Strecke mit dem wohlklingende

Namen „Autostrada del Sole" (A1), dann hinter Parma auf die Autostrada A15. Die kaum befahrene, kurvenreiche Strecke durchs Tarotal Richtung Küste bietet entspanntes Cruising und zahlreiche Tempolimits, die der Campergeschwindigkeit zupass kommen. Weniger geruhsam geht es auf der nachfolgenden Strecke zu: Die A12 Richtung Livorno ist zu jeder Tages- und Nachtzeit gut frequentiert, Staus sind aber selten.

Noch Zeit? Dann schau in Pisa vorbei! Ein perfekter Stellplatz für einen Tag ist der eine halbe Stunde Fußmarsch vom Zentrum entfernte **Parcheggio Camper Via di Pratale** mit automatischer Schranke *(Via di Pratale, 76 | I-Pisa | camper.pisamo.net)*. Direkt am Meer liegt **Camping Pineta** *(Via delle Mimose 12, Calambrone, camping-pineta.it)* eine knappe Camperviertelstunde vom Hafen entfernt und ideal, wenn du eine frühe Fähre erwischen willst. Von der Autobahn biegst du nach Livorno ab. Nach der Mautstation dann auf die SS1 Aurelia. Die Ausschilderung „Porto" führt dich auf die schnurgerade Zufahrtsstraße Via dei Canali Richtung Hafen, geradeaus weiter für Grimaldi, für alle anderen Gesellschaften nimmst du die Abfahrt „Stazione Marittima/imbarco passegeri". Eine kurze Passage durch das industrielle Hafenviertel führt dich bis zum Kreisverkehr der Zollstation „Varco Imbarco Passegeri", wo man dich auf die richtige Hafenzufahrt einweist. Ticket griffbereit halten!

OB VINTAGE ODER HIGHTECH:

Der Weg ist das Ziel – oder doch eher der Stellplatz gleich am Meer?

Adventure Kids

Experten-Check von PaulCamper

Coole Spiele für lange Fahrten

Ich packe meinen Koffer

Der Erste startet mit dem Satz „Ich packe meinen Koffer und nehme mit …" und nennt einen Gegenstand. Reihum fügt ihr nun immer eine weitere Sache hinzu, müsst aber immer alle anderen bisher genannten Dinge davor aufzählen. Wer sich irrt, scheidet aus. Wie viele Dinge schafft ihr, in euren Koffer zu packen?

Wort an Wort

Ein Mitspieler beginnt, indem er ein Wort nennt. Legt euch dabei auf eine Kategorie fest: Tiere, Berufe oder Orte. Wenn ihr euch auf Tiere einigt, könnt ihr zum Beispiel mit „Elefant" anfangen. Der nächste Spieler muss dann ein Tier mit dem letzten Buchstaben dieses Worts nennen, hier mit t, zum Beispiel „Tiger". Ihr könnt es noch ein bisschen schwieriger machen, indem ihr zusammengesetzte Wörter nutzt. Zum Beispiel „Bauherr" – „Herrenhaus" – „Haustür" und so weiter. Wem nichts mehr einfällt, scheidet aus.

Sardische Geschichten erfinden

Erfindet gemeinsam eine Abenteuergeschichte (oder auch ganz viele)! Einer von euch denkt sich den Beginn der Geschichte aus. Der Nächste knüpft dann dort an, wo der Erste aufhört, und erzählt weiter. Solange, bis ihr zu Ende erzählt habt. So geht es los: Es war einmal ein Seefahrer, der hatte einen schwarzen Bart und ein Holzbein …

Entdeckungsreise Sardinien

Welchen Tieren bist du im Urlaub bereits begegnet?

- ○ Hirsch
- ○ Mufflon
- ○ Rosa Flamingo
- ○ Giara-Pferd
- ○ Salamander
- ○ Schildkröte

Das Sardinien-Quiz

1. Was wächst in der Natur, das man essen kann?

Kaktusfeige, Kräuter, Zitronen, Orangen, Oliven …

2. Kennst du drei Inseln, die Sardinien umgeben?

Elba, Menorca, Korsika

3. Welche Schätze (Edelmetalle) gibt es auf Sardinien?

Gold und Silber kommen hier vor

4. Welche besonderen Honigsorten gewinnen die Sarden?

Kastanien-, Erdbeerbaum- und Distelhonig

Sardinien wird auch die Insel der tausend Feste genannt: Fast jeden Monat wird irgendwo gefeiert. Wenn du ein Fest veranstalten würdest, wie sähe es aus? Male deine Wunsch-Attraktionen, -Dekorationen und -Gäste!

Gut zu wissen

Abzapfen und Entsorgen

Trinkwasserquellen *(fontane)* gibt es vor allem in den Bergen und Wäldern der Insel. Dort wo die Sarden kanisterweise Wasser zapfen, kannst du beruhigt deine Reserven auffüllen. Alle Campingplätze bieten Camperservice mit Grauwasser- und Toilettenentsorgung und Frischwasser, allerdings nicht alle Stellplätze und Parkplätze, an denen das Stehen über Nacht erlaubt ist.

Diplomatische Vertretungen

Deutsches Honorarkonsulat: Via Garzia Raffa 9, Cagliari, Tel. +39 070 30 72 29
Österreichische Botschaft in Rom: Viale Pergolesi 3, Rom, Tel. +39 068 44 01 41
Schweizer Konsulat: Via XX Settembre 16, Cagliari, Tel. +39 070 66 36 61

Fähren

Es lohnt sich, die Preisentwicklung der Gesellschaften MOBY Lines-Tirrenia und Sardiniaferries sowie GNV und Grimaldi Lines im Auge zu behalten. Vor allem in der Hauptsaison mit langen Gefährten und Gespannen ist Vorabbuchung unerlässlich. Wer flexibel sein will, sollte dennoch vor Abfahrt auf den Websites der Fährgesellschaften buchen, die Vor-Ort-Buchung hat keine Vorteile. Unbedingt über die Originalwebsites oder über eine Agentur wie *turisarda.de* oder *sardinia 4all.de* buchen, denn dann bekommst du Originaltickets, die nicht erst am Hafenbüro eingetauscht werden müssen. Bei der Buchung unbedingt alle Längenangaben inklusive Auf- und Anbauten beachten. In der Nebensaison musst du mindestens eine, zur Saison besser anderthalb Stunden vor Abfahrt am Hafen sein, der Check-in erfolgt über den Strichcode auf dem Ticket. Beim Auffahren auf die Fähre noch kurz durchatmen und sich nicht von der hektischen Einweisungscrew aus der Ruhe bringen lassen. Die Rampe auf die Fähre kann recht steil sein, besser schräg auffahren und sich dicke Taue als Puffer vor das Fahrzeug legen lassen. Sämtliche Fährgesellschaften nach Sardinien bieten vergleichbaren Standard. An Bord gibt es Restaurants, Bars und manchmal einen Poolbereich. Übernachten im Womo ist nicht erlaubt, die Garage wird vor Abfahrt geräumt. Packe bereits vor Abfahrt eine Tasche mit allem Notwendigen für die Überfahrt!

Freistehen und Wildcampen

Freistehen ist fast auf allen Parkplätzen der Insel verboten. Ob dieses Verbot auch durchgesetzt wird, hängt von der lokalen Polizei ab, von Mai bis September und an beliebten Plätzen wird es aber gerne geahndet. Wenn du es riskieren willst, gilt der Wildcamper-Kodex: Den Platz sauber hinterlassen, Müll mitnehmen ist Ehrensache, und illegales Entsorgen ist ein absolutes No-Go!

Gas und Strom

Deutsche und italienische Gasflaschen sind nicht kompatibel. Am besten du nimmst zwei graue Flaschen aus Deutschland mit, das reicht für den Durchschnittsurlaub. Um italienische Gasflaschen zu verwenden, benötigst du Zwischenstücke. Nachfüllen ausländischer Flaschen ist in Italien ohne passende Füllstutzen verboten. Ein Europa-Entnahmeset gibt es im Fachhandel.

Auf dem Campingplatz sind mindestens 20 m Verlängerungskabel sinnvoll, da Stromsäulen oft rar sind und Stellplätze nicht immer genau ausgewiesen sind. Meist findest du dort die dreipoligen CEE-Caravansteckdosen. Zweipolige Eurostecker für Handyladegeräte passen in alle italienischen Steckdosen, für Schukostecker gibt es in jedem Campingplatzsupermarkt passende Adapter.

Geld und Kreditkarten

Geldautomaten *(bancomat)* findest du in allen größeren Ortschaften und an der Post. Die gängigen Kreditkarten werden von sehr vielen Campingplätzen, Restaurants, Tankstellen und Geschäften akzeptiert. Liest du aber *„POS fuori uso"*, dann ist das Kreditkartenterminal mal wieder ausgefallen.

Gesundheit

Mit der Europäischen Krankenversicherungskarte EHIC hast du im selben Maß Anspruch auf medizinische Versorgung wie Einheimische. Lasse dir ggf. bei Barzahlung Leistungen genau quittieren, um sie von der Kasse erstattet zu bekommen. Ferienorte haben während der Saison eine Guardia Medica Turistica, eine Ambulanz für Feriengäste.

WAS KOSTET WIE VIEL?

1 Espresso im Stehen 1–1,50 €

1 Liter Diesel ca. 1,90–2 €

Karaffe Vino della casa ca. 3–5 € (0,25 Liter)

Panino mit Käse 4–7 €

Pizza Margherita ca. 7 €

Liegestuhl ca. 10–30 €, in der Hochsaison oft mehr

1 Glas Bier 5–7 €

Häfen und Flughäfen

Ab Genua starten die teuren, langen Nachtüberfahrten nach Olbia oder Porto Torres. Die Rennstrecke nach Sardinien startet ab Livorno mit Tag- oder Nachtfähren nach Olbia oder Golfo Aranci. Kabinen sind bei Nachtfähren komfortabel, aber keine Pflicht. Die deutlich längere Anreise nach Civitavecchia bei Rom lohnt sich nur, wenn du die Fähre nach Cagliari nehmen willst. Wer in der Hochsaison reist, sollte unbedingt rechtzeitig buchen, da im August ganz Italien Ferien macht. Außerhalb der Hochsaison werden oft sehr günstige Tarife angeboten.

Von Ostern bis Oktober gibt es Direktflüge nach Olbia und Cagliari von Lufthansa, easyJet, Condor, Eurowings, Swiss sowie nach Alghero und Cagliari von Ryanair. Außerhalb der Saison ist Umsteigen angesagt: ITA-Airways bietet sehr günstige Preise ab Frankfurt, Stuttgart, Berlin, Wien und Zürich nach Cagliari.

Hund

Wenn du mit deiner Fellnase reist, achte darauf, eine Hundekabine auf der Fähre zu buchen. Auf den meisten Campingplätzen werden Vierbeiner toleriert, müssen aber an die Leine. Hunde dürfen tagsüber offiziell von April bis Ende Oktober nur an Hundestrände (Bau Beach oder Spiaggia per Cani).

Insider-Tipp

Mit vier Pfoten am Strand

Ab 20 Uhr (im September ab 19 und ab Oktober schon ab 18 Uhr) bis 8 Uhr morgens darfst du auch mit dem Vierbeiner ans Meer. Im Restaurant besser vorher nachfragen, vor allem im Inselinneren sind Haustiere nicht immer willkommen.

Internet

Viele Campingplätze verfügen über kostenloses WLAN zumindest im Rezeptionsbereich. Kostenfreie Hotspots gibt's außerdem auf Flughäfen und in vielen Cafés. Die Handy-Netzabdeckung auf Sardinien ist gut, nur in den Bergen kann es zu netzfreien Zonen kommen. Deswegen die Navi-Software besser offline auf das Handy laden! Google Maps funktioniert auf Sardinien zuverlässiger als die Kartensoftware von Apple.

Maut und Vignetten

Autobahnvignetten sind auf der Durchfahrt durch Österreich und die Schweiz Pflicht, auf dem italienischen Festland kann an Mautstellen bar gezahlt werden. Auf Sardinien gibt es keine mautpflichtigen Straßen.

EINSAM STEHEN NEBEN FISCHERBOOTEN

Am kleinen Hafen von Porto Pino geht's eher gemütlich zu.

Notfallnummern

Polizei: Tel. 1 12
Notarzt und Rettungswagen: Tel. 1 18
Pannenhilfe ACI: Tel. 80 0 11 68 00

Öffentliche Verkehrsmittel

Sardinien verfügt über ein sehr dichtes Busnetz. Die Busgesellschaft ARST (*arst.sardegna.it* oder über Google Maps recherchierbar) fährt fast jedes Dorf an, viele Campingplätze haben zumindest eine Bedarfshaltestelle in der Nähe. Alle größeren Orte besitzen eine zentrale Busstation *(stazione autobus)*, in Dörfern ist die Haltestelle meist in der Ortsmitte. Tickets erhält man in Bars, an Kiosken oder in Tabakläden im Umfeld der Haltestelle. Ferienorte wie Budoni, San Teodoro, Alghero und Olbia bieten Strandshuttles an.

Das Bahnnetz auf der Insel ist nur rudimentär: Es existiert nur eine Hauptlinie von Golfo Aranci/Olbia nach Cagliari mit Abzweig nach Porto Torres und Iglesias. Für den Wechsel vom Zug zum Schiff und andersherum solltest du eine Stunde Zeit einplanen (Info: *trenitalia.com)*

Öffnungszeiten

Läden sind werktags meist 8.30–13 und 17–20 Uhr geöffnet, Märkte nur vormittags. In der Saison halten zahlreiche Geschäfte bis 22 oder gar 24 Uhr geöffnet. Die meisten Campingplätze haben eine ausgedehnte Mittagsruhe meist von 13 bis 17 Uhr. Tankstellen haben meist Mo–Fr 7.30–12.30 und 15.30–19.30 Uhr geöffnet. Fast immer steht jedoch außerhalb der Öffnungszeiten ein Tankautomat bereit, der mit Kreditkarte und/oder Geldscheinen funktioniert.

Post

Briefmarken gibt's nur noch mit viel Glück im Tabakladen. Porto für Briefe und Postkarten ins europäische Ausland bei Redaktionsschluss 1,30 €. Briefmarken weisen keinen Nennwert mehr auf, es reicht der Aufdruck B Zona 1.

REISEZEIT UND WETTER

Die klassische Campersaison ist zwischen Ostern und Oktober, die meisten Campingplätze öffnen von Mai bis Ende September. Die Badesaison beginnt ungefähr Mitte Mai und dauert bis Anfang Oktober, das Meer hat aber stellenweise und vor allem im Süden noch bis in den November hinein angenehme Temperaturen. Von Ende Juni bis Ende August ist Hauptsaison. Der Juli ist der mit Abstand heißeste Monat des Jahres. Im Januar und Februar liegt in den Bergen Zentralsardiniens nicht selten Schnee.

Rabatte

Ein knappes Dutzend sardischer Campingplätze nimmt am Nebensaison-Rabattsystem der ACSI teil *(camping card.com/de)*. Hierdurch gibt's lohnende Ermäßigungen!

Strände

Alle Strände auf Sardinien sind frei zugänglich. Auch wenn es immer mehr Strände mit Lidobetrieb gibt, muss ein Teil des Strands frei bleiben *(spiaggia libera)*. Spazierengehen am Ufer ist immer erlaubt. Oben ohne wird an den großen Stränden toleriert.

Insider-Tipp

Hüllenlos in der Wüste

Sardiniens FKK-Plätze liegen einsam am Dünenstrand Piscinas, in Porto Ferro (Alghero), Is Benas (Oristano) und Feraxi (Muravera).

Telefon

Vorwahlen: Deutschland 0049, Österreich 0043, Schweiz 0041, Italien 0039. Innerhalb Italiens gibt es keine Vorwahlen, bei Anrufen in Italien muss die Null am Beginn von Festnetznummern daher immer mitgewählt werden. Seit EU-weit die Roaminggebühren abgeschafft wurden, lohnt eine italienische Prepaidkarte nicht mehr.

Toiletten

Sardische Toiletten in Restaurants und Bars sind selten sauber. Gerade auf Campingplätzen herrschen in den Sanitäranlagen oft anarchische Zustände. Deshalb solltest du immer ein paar Feuchttücher dabeihaben – die aber nicht ins Klo werfen, denn sie sind nicht biologisch abbaubar, und die engen Rohre verstopfen schnell.

Trinkgeld

Auf Sardinien ist es in der Gastronomie und beim Frisör nicht üblich, Trinkgeld zu geben, im Restaurant wird der Service automatisch mitberechnet *(coperto)*.

Verkehrsregeln

Die italienischen Verkehrsvorschriften sind – zumindest auf dem Papier – weitgehend mit den deutschen identisch. Wichtige Ausnahmen: Außerorts muss auch tagsüber immer mit Licht gefahren werden, und für jeden Mitfahrer ist im Fahrgastraum eine Warnweste mitzuführen, die im Pannenfall beim Verlassen des Fahrzeugs angelegt werden muss.

Höchstgeschwindigkeit in Ortschaften 50, auf Landstraßen 90, auf ausgewiesenen Schnellstraßen 110 km/h. Auf Sardinien gibt es keine Autobahnen, auf dem Festland gilt dort 130 km/h.

Wohnmobilvermietungen

Mietcamper auf Sardinien sind selten unter 100€ pro Nacht zu haben. Achte bei der Buchung außerdem auf das Kleingedruckte und die Nebenkosten wie Tarife für die Flughafenzustellung. Bestehe auf einen guten Versicherungsschutz! Einen deutschsprachigen Camperverleih nahe Alghero bietet *sardinienurlaub-gmbh.de*. Mietcamper ab Cagliari gibt es bei *chelucamper.com*, ab Porto San Paolo (Olbia) bei *campersardegna.net*, Oldtimer und Bullys findest du etwa bei *insaruga-campervan.com* aus Oristano und *cool-campers.com* aus Alghero. Von privat werden Wohnmobile bei *paul camper.de* sowie *yescapa.de* offeriert. Viele Sarden bieten ihre Camper auf dem Kleinanzeigenportal *subito.it* zur Miete an. Wenn du dich auf dieses Abenteuer einlassen willst, solltest du aber etwas Italienisch können und auf ausreichenden Versicherungsschutz achten.

Zoll

Frei ein- und ausgeführt werden dürfen innerhalb der EU alle Waren für den persönlichen Gebrauch. Richtmengen hierfür sind u. a. 800 Zigaretten und 10 l Spirituosen. Für Schweizer gelten erheblich geringere Freimengen, u. a. 5 l Wein und 1 l Spirituosen.

PARKEN IN VILLASIMIUS

Blau markierte Plätze bedeuten: Parkgebühr. Besser zahlen, denn Strafzettel werden auch in die Heimat nachgeschickt.

Feste & Events

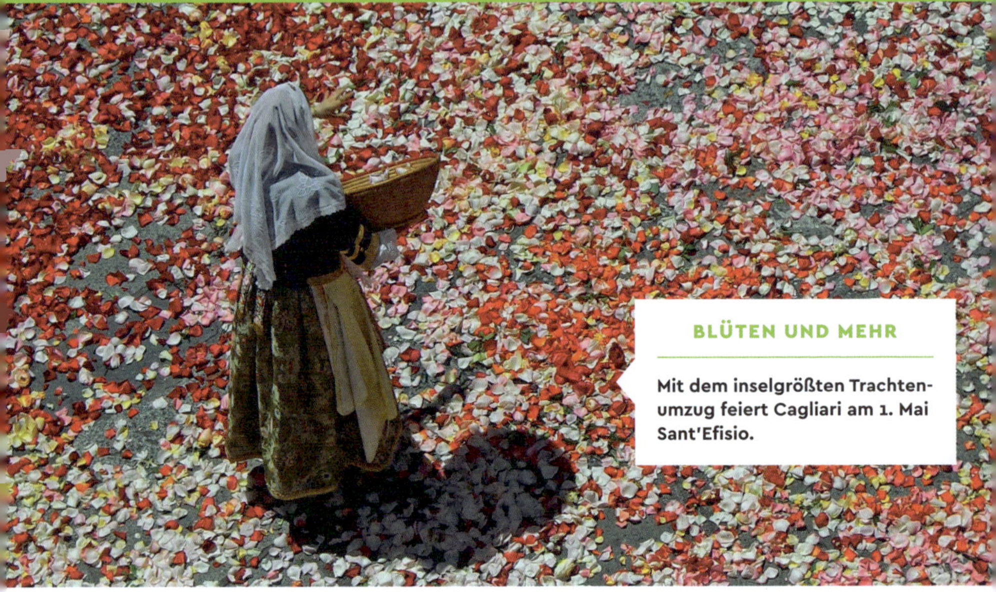

BLÜTEN UND MEHR

Mit dem inselgrößten Trachtenumzug feiert Cagliari am 1. Mai Sant'Efisio.

Februar/März

Carnevale (Barbagia): Fasching- und Maskenfeste – in der Barbagia findet ein wilder Mummenschanz statt, mit wüsten Kerlen und grimmigen Masken

Sa Sartiglia (Oristano): Farbenfrohes Reiterfest zu Karneval, das seit einigen Jahren im Sommer wiederholt wird

März/April

Settimana Santa (Cagliari, Alghero und Iglesias): Traditionelle Passionsspiele zu Ostern

April

Olbia in Fiore (Olbia): Die Fußgängerzone wird zur Grünanlage

Insider-Tipp
Süßes & Saures in Muravera

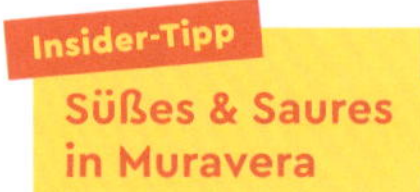

Zum Zitrusfrüchtefest ***Sagra degli Agrumi*** *im April gibt's Umzüge, Trachten und jede Menge Zitronen und Orangen for free.*

April/Mai

Sant'Efisio (Cagliari): Großer Trachtenumzug am 1. Mai, größten Prozession Sardiniens (*cagliariturismo.it*)

San Simplicio (Olbia): Bunte Kirmes mit Prozessionen, Umzügen, Fahrgeschäften und Reitwettbewerb Anfang Mai

Cavalcata Sarda (Sassari): Reiter- und Trachtenfest am vorletzten Sonntag im Mai, nach Sant'Efisio die größte Trachtenschau Sardiniens

Primavera nel Cuore della Sardegna: Frühlingsfeste und Kulinaria-Events in den Dörfern an der Ost- und Westküste. Die meisten Dörfer richten spontane Stellplätze ein, *cuoredellasardegna.it*

Anfang Juni

Superyacht Regatta (Porto Cervo): Internationaler Megajachtenwettbewerb, *yccs.it*

Juli

Sardegna Pride (abwechselnd Cagliari/Sassari oder Alghero): Cristopher Street Day auf Sardisch, *Facebook: Sardegnapride*

August

Musica sulle Bocche (Santa Teresa Gallura): Jazzfestival am Strand, *musicasullebocche.it*

September

San Salvatore (Cabras): Barfußlauf von Pilgern im Morgengrauen am ersten Sonntag im Monat

Sunandbass (San Teodoro): Drum-and-Bass-Festival, *sunandbass.net*

Antico Sposalizio Selargino (Selargius): Echte Hochzeit in echten Trachten, *Facebook: Antico Sposalizio Selargino*

Sardinia Trail (Ogliastra): Spektakulärer Trailrunning-Wettbewerb, *sardiniatrail.com*

September–Dezember

Autunno (Barbagia): Herbst-, Wein- und Spezialitätenfeste jedes Wochenende in einem anderen Dorf der Bergregion Barbagia. Alte Höfe und Werkstätten, die *cortes*, werden einmal im Jahr aufgemacht und alte Berufe, Trachten und Traditionen gezeigt. Einheimische und Besucher feiern mit Wein, Brot, Käse, Olivenöl und Kastanien. *cuoredellasardegna.it*

FEIERTAGE

1. Jan. Capodanno

6. Jan. Epifania

Ostermontag Pasquetta

25. April Jahrestag der Befreiung vom Faschismus

1. Mai Festa del Lavoro

2. Juni Festa della Repubblica (Tag der Republik)

15. Aug. Ferragosto

1. Nov. Ognissanti

8. Dez. Immacolata Concezione (Mariä Empfängnis)

25. Dez. Natale

26. Dez. Santo Stefano

Camper-Packliste

CAMPINGAUSRÜSTUNG

- ○ Gasflasche (und ev. Gasinhaltsmesser)
- ○ Frischwasserkanister
- ○ Abwasserschlauch
- ○ Kabeltrommel
- ○ Campingstromadapter
- ○ Auffahrkeile oder Holzbretter als Stütze
- ○ Sanitärflüssigkeit für Campingtoilette (falls vorhanden)
- ○ Toilettenpapier
- ○ Campingstühle und -tisch
- ○ Markise und Vorzelt
- ○ Heringe und Gummihammer
- ○ Handfeger und Schaufel
- ○ Decke und Kopfkissen, alternativ Schlafsack
- ○ Wäscheleine und -klammern
- ○ Campingleuchte oder Laterne
- ○ Taschenlampe oder Stirnlampe
- ○ Taschenmesser
- ○ Duct-Tape
- ○ Handwaschmittel
- ○ Mückenspray, Sonnencreme
- ○ Nagelset (inkl. Pinzette)

Zusätzlich

- ○ MARCO POLO Straßenkarte(n)
- ○ Grill (Koffergrill oder Gasgrill)
- ○ Hängematte
- ○ Decke
- ○ Kartenspiele
- ○ Mehrfachsteckdose
- ○ USB-Adapter für Zigarettenanzünder
- ○ Powerbank

SICHERHEITSAUSRÜSTUNG

- ○ Reiseapotheke
- ○ Verbandskasten (Ablaufdatum beachten)
- ○ Warndreieck und -weste (1 pro Person)
- ○ Feuerlöscher
- ○ Ersatzreifen
- ○ Wagenheber und Radkreuz
- ○ Ersatzkanister und Einfüllstutzen
- ○ Motoröl
- ○ Starthilfekabel
- ○ Abschleppseil
- ○ Werkzeugkasten
- ○ ev. Ersatzglühbirnen und -sicherungen

CAMPINGKÜCHE

- ○ Küchenutensilien
- ○ Kühlbox (wenn kein Kühlschrank eingebaut)
- ○ Töpfe, Pfannen
- ○ Besteck inkl. Kochlöffel, Teller, Tassen, Gläser
- ○ (Brot-, Schneide-) Messer
- ○ Tupperdosen (für Reste)
- ○ Sieb
- ○ Reibe
- ○ Dosenöffner
- ○ Flaschenöffner, Weinöffner
- ○ Alufolie
- ○ Schere
- ○ Geschirrtücher, Spülmittel, Lappen, Küchenrolle
- ○ Topflappen
- ○ Müllbeutel
- ○ Kaffeekocher
- ○ Feuerzeug, Streichhölzer

NAHRUNGSVORRAT

- ○ Salz & Pfeffer, Gewürze (z. B. in kleinen Gläsern)
- ○ Öl, Essig
- ○ Kaffee, Tee
- ○ Müsli, Cornflakes
- ○ Brot, Aufstriche
- ○ Vorratslebensmittel (Nudeln, Reis, Linsen)
- ○ Gemüsekonserven: Tomaten, Mais, Kidneybohnen
- ○ Notration Essen (z. B. Dosenravioli)
- ○ Getränke

Fahrzeug-checkliste

Experten-Check von PaulCamper

LÄNGERFRISTIG

- ○ Gasprüfung gültig?
- ○ Grüne Versicherungskarte gültig?
- ○ HU/AU (Haupt- und Abgasuntersuchtung) gültig?
- ○ Auflaufbremse geprüft (Fachwerkstatt)?

MITTEL- & KURZFRISTIG

- ○ Was tanken (Benzin/Diesel)?
- ○ Beladungsgrenze/-zustand?
- ○ Welche Reifen für die Destination nötig?
- ○ Winter- bzw. Sommerreifen montiert?
- ○ 12-V-Kabel vorhanden?
- ○ Profiltiefe der Reifen gecheckt?
- ○ Ölstand gecheckt?
- ○ Kühlmittelstand gecheckt?
- ○ Reifendruck gecheckt?
- ○ Öl, Kühlwasser und AUS 32/AdBlue bei Dieselmotor zum Nachfüllen vorhanden?
- ○ Ladezustand Starterbatterie und Wohnraumbatterie gecheckt?
- ○ Toilette an Bord und entleert?
- ○ Wassertank vorhanden und gefüllt?
- ○ Wasserpumpe funktioniert?
- ○ Gasvorrat vorhanden?
- ○ Markise/Sonnensegel/Regenalternative vorhanden?
- ○ Vorzelt nötig?
- ○ Wohnwagen: Elektrostecker funktionieren (Bremslichter und Co)?

VOR DER ABFAHRT

- ○ Dachluke geschlossen?
- ○ Fenster zu?
- ○ (Stand-)Heizung aus?
- ○ Markise eingefahren und gesichert?
- ○ Kühlschrank verriegelt und auf 12 V umgestellt?
- ○ Alles vom Tisch geräumt und gesichert?
- ○ Schubladen/Schränke sicher geschlossen?
- ○ Tische und Stühle sicher verstaut?
- ○ Herdabdeckung zu?
- ○ Gasventil geschlossen?
- ○ 230-V-Kabel getrennt und eingepackt?
- ○ Wasserpumpe abgeschaltet?
- ○ Abwassertank geschlossen?
- ○ Trittstufe eingefahren?
- ○ Stützen eingefahren und Keile verstaut?
- ○ Wassertankdeckel verschlossen?
- ○ Handbremse gelöst?
- ○ Heckgarage abgeschlossen?
- ○ Alle Mitfahrer inklusive Hund an Bord?

Dann kann's losgehen!

Camper-Wörterbuch Italienisch

Höflich sein

Hallo / tschüss salve / ciao
Danke / bitte grazie / prego
Entschuldigung scusa / scusi
Wie heißt du / Wie heißen Sie? Come ti chiami / Come si chiama?
Mein Name ist ... Mi chiamo ...
Wie geht es dir / Ihnen? Come stai / Come sta?

Beim Einkaufen

Bäckerei panificio
Drogerie drogheria
Einkaufszentrum centro commerciale
Markt mercato
Metzgerei macelleria
Supermarkt supermercato
Ich hätte gerne ... Vorrei ...
Wie viel kostet das? Quanto costa?
bar / Kreditkarte contante / carta di credito

Einkaufsliste

Alufolie carta stagnola
Bier / Wein birra / vino
Brot Pane
Butter / Margarine burro / margarina
Essig / Öl aceto / olio
Eier uova
Gemüse verdura
Marmelade / Honig marmellata / miele
Milch latte
Müsli müsli
Nudeln / Spaghetti pasta / spaghetti
Obst frutta
Käse formaggio
Toilettenpapier carta igienica
Wasser acqua
Wurst / Fleisch salumi / carne

Gesund bleiben

Apotheke / Arzt farmacia / medico
desinfizieren disinfettare
Desinfektionsmittel disinfettante
Durchfall dissenteria
Fieber febbre
Halsschmerzen mal di gola
Kopfschmerzen mal di testa
Krankenhaus ospedale
Krankenwagen ambulanza
Krankenversicherung assicurazione sanitaria
Pflaster cerotto
Schmerztabletten analgesici

Unterwegs

abschleppen rimorchiare
Autobatterie batteria per auto
Autobahn autostrada
Baustelle lavori in corso
Benzin (bleifrei) benzina (senza piombo)
Bremslicht luce di arresto
Diesel Diesel
Ersatzreifen ruota di scorta
Führerschein patente di guida

Getriebe cambio
Luftdruck pressione dell'aria
Maut pedaggio
Öl olio
Ölwechsel cambio dell'olio
Panne panne
Parkplatz parcheggio
Reifen gomma
Reifenschaden guasto alla gomma
Sackgasse strada senza uscita
Schotterstraße strada sterrata
Starthilfekabel cavo per avviamento tramite collegamento alla batteria
Strafzettel multa
Tankanzeige indicatore del livello di carburante
Tankstelle distributore di benzina
Temperaturanzeige indicatore di temperatura
Umleitung deviazione
Wagenheber cric
Warndreieck triangolo
Wassertank serbatoio dell'acqua
Werkstatt officina
Werkzeug attrezzo
Zoll dogana

Auf dem Campingplatz

Abwasser acqua di scarico
Batterie batteria
Brennspiritus alcol denaturato
Campingplatz campeggio
Dosenöffner apriscatole
Dusche doccia
Elektroanschluss allacciamento elettrico
Flaschenöffner apribottiglie
Frischwasser acqua fresca
Gabel forchetta
Gasflasche bombola del gas
Gaskocher fornello a gas
Geschirrspülbecken lavello
grillen grigliare
Grillkohle carbonella
Hammer martello
Hering picchetto
Hunde erlaubt / nicht erlaubt cani ammessi / non ammessi
Kerze candele
Korkenzieher cavatappi
Lagerfeuer fuoco da campo
Leihen noleggiare
Löffel cucchiaio
Messer coltello
Müll rifiuti
Petroleumlampe lampada a petrolio
Pool piscina
Schlafsack sacco a pelo
Schmutzwasser acqua sporca
Sonnencreme crema solare
Steckdose presa di corrente
Streichhölzer fiammifero
Strom corrente elettrica
Stromanschluss allacciamento alla rete elettrica
Taschenlampe torcia elettrica
Taschenmesser coltellino
Toilette toilette
Trinkwasser acqua potabile
Vorzelt veranda
Wäscheklammer molletta
Wasser (kalt / warm / heiß) acqua (fredda / calda / molto calda)
Wasseranschluss allacciamento dell'acqua
WLAN Wi-Fi
Wohnmobil camper
Wohnwagen roulotte
Zelt tenda
Zeltstange palo della tenda
Zeltschnur tirante della tenda

Urlaubsfeeling

Playlist

▶ **Alghero – Giuni Russo**
Italo-Kultklassiker aus den 1980-ern über einen Sardinienurlaub, von dem die Mamma bloß nichts wissen darf

---

▶ **No potho reposare – Andrea Parodi**
Das Liebeslied, ursprünglich aus den 1920-ern, treibt jedem Sarden fern der Heimat die Heimwehtränen in die Augen

---

▶ **Nanneddu meu**
Vertonte Poesie, die alten Zeiten hinterhertrauert – auf jedem sardischen Volksfest zu hören!

▶ **Hotel Supramonte – Fabrizio De Andrè**
Der Liedermacher verarbeitet in dem sentimentalen Song seine Entführung durch sardische Banditen 1979

▶ **Domo Mia – Eros Ramazotti & Tazenda**
Der erfolgreiche Italo-Pop-Sänger versucht's auf Sardisch mit der Insel-Popband Tazenda

Den Soundtrack zum Urlaub gibt's auf **Spotify** unter **MARCO POLO Italy**

Lesestoff & Filmfutter

Padre Padrone – Die authentische Lebensgeschichte von Gavino Ledda aus Siligo, der ein hartes Leben als Hirtenjunge führte, wurde 1977 mit Nanni Moretti an Originalschauplätzen verfilmt.

Accabadora – In Michela Murgias Roman verweben sich zwei Frauenleben in einem sardischen Dorf in den 1950er-Jahren. Wenn die alte Schneiderin Bonnaria nachts aus dem Haus geht, läuten am nächsten Tag die Totenglocken. Ein radikaler Roman von 2009, der verblüffend aktuell ist.

Der Spion, der mich liebte – 1977 steht die Welt am Rande eines Weltkrieges: Ein sowjetisches und ein britisches Atom-U-Boot sind spurlos verschwunden. Um die Welt zu retten, braucht's wilde Verfolgungsfahrten und Rennen mit Aquabikes an der Costa Smeralda – wer, wenn nicht 007 kann so die Welt retten?

Die Honigtöchter – Die sardische Bestsellerautorin Cristina Caboni lebt in dem Künstlerdorf San Sperate und züchtet Bienen. Darüber hat sie nun einen gefühlvollen Sommer-Roman verfasst, der auf Ihrer Heimatinsel spielt.

Apps, Blogs, Websites & Videos

ADAC-Spritpreise
Hilfreicher Tankstellenfinder für unterwegs

Park4Night
Finde den passenden Stellplatz für die Nacht

PinCamp
Online-Stellplatzführer des ADAC mit Suchfunktion und Bildern

CoastApp
Sehr guter Strand- und Eventführer für Olbia und die Costa Smeralda

pecora-nera.eu
Deutschsprachiges Onlinemagazin aus und über Sardinien mit ebenso interessanten wie amüsanten Beiträgen zu allen wichtigen und unwichtigen Themen

sardinienforum.de
Die größte und wichtigste deutschsprachige Internetplattform zum Thema Sardinien; dank der zahlreichen Besucher gibt's täglich neue Beiträge.

facebook.com/groups/1002822779764003/
Größte Facebook-Grupe zum Thema ist "Camping auf Sardinien" mit zahlreichen und streitbaren Themen und großem Schwarmwissen

youtube.com/@andreacuginivadodicamper8676
Videoblog des Abenteuercampers Andrea, der regelmäßig seine Trauminsel durchstreift

WEGTRÄUMEN?

Mit Playlist, Lesestoff und Filmen den Urlaub aufleben lassen.

Register

Stell- und Campingplätze

Tour A

Tour B

Tour C

Tour D

Impressum

Titelbild: Campingbus bei Porto Corallo (mauritius images: M. Pinn)
Fotos: Freepik.com (14); iStock.com: anyaberkut (172/173), apomares (191), R. Babakin (146, 159, 168), Bee-individual (192), A. Dudek (42), gianluigibec77 (31), GMVozd (Klappe hinten innen), Hibiscus81 (32), Koldunov (197), kparis (114), Macrolife (155), G. Maltinti (126), marmo81 (12, 15), P. Martorana (104), Pics Criss (122), Tore65 (150); M. Kaupat (3); Laif: R. Celentano (16); T. Lutz (27, 46, 50, 56, 77, 85, 86, 89, 90, 94, 96, 100, 102, 116, 135, 144, 162, 185, 199); mauritius images: B. Kickner (18/19); mauritius images/Alamy: N. Upton (66); Presse-Bidmaterial: Abbatoggia Village (6); Area Attrezzata Costa Orientale (64); Bella Sardinia (120); Cala Gonone Camping (48); Camping Capo Ferrato (72); Camping L'Ultima Spiaggia (68); Camping Porto Sos Alinos (44); Camping Village Abbatoggia (166); Camping Village Laguna Blu (140); Ermosa Posada (36); Petra di Cossu (148); Shutterstock.com: arpalan (109), R. Babakin (74, 187), E. Bocek (70), A. Danilova (Klappe vorne innen), DisobeyArt (4/5), I. Dzivinskyi (113), D. Fiore (60), S. Garau (80), Gengis90 (118), GIANFRI58 (59), K. Henkeova (38), M. Jaeger (136), M. Kastelic (170), E. Locci (55), Macrolife (11), G. Majchrzak (138), F. Maltinti (132), G. Maltinti (62), marako85 (142), Marco Alien (160), E. Marongiu (8), marput (188), P. Martorana (98), A. Mayovskyy (92), I. Meer Sommer (156), MNStudio (40), S. Parente (78), Pecold (164), robertonencini (17), Sailorr (22), A. Stripes (34), J. Sturm (28), B. Szalaj (159), Tore65 (131), travelwild (179), Wirestock Creators (124)

2., aktualisierte Auflage 2024

Autor: Timo Lutz
Lektorat & Bildredaktion: Sebastian Schaffmeister, Susanne Schleußer
Kartografie: KOMPASS-Karten GmbH, kompass.de unter Verwendung von © OpenStreetMap Contributors, osm.org/copyright
Gestaltung Umschlag & Layout: Sofarobotnik, Augsburg & München
Übersetzung Camper-Wörterbuch: Baltic Media
Printed in Italy

Lob oder Kritik? Wir freuen uns auf deine Nachricht!
Trotz gründlicher Recherche schleichen sich manchmal Fehler ein. Wir hoffen, du hast Verständnis, dass der Verlag dafür keine Haftung übernehmen kann. Wir freuen uns aber, wenn du uns schreibst: MARCO POLO Redaktion • MAIRDUMONT • Postfach 31 51 • 73751 Ostfildern • info@marcopolo.de

MARCO POLO AUTOR
Timo Lutz
In Schwaben aufgewachsen, in Sachsen studiert und 2001 erstmals als Erasmus-Student auf Sardinien gestrandet: Der Reisebuchautor und Reiseplaner behauptet von sich, so ziemlich jeden Strand seiner Wahlheimat blind zu kennen. Wenn es mit Zelt und Wanderstiefeln um die Insel geht, durfte bis 2023 seine treue Reisebegleiterin, der Schäferhundmischling Elsa, auf keiner seiner Recherchetouren fehlen.

Bloß nicht ...

Im Sommer im Voraus reservieren wollen

Gerade zur Hauptsaison nehmen viele Campingplätze keine Stellplatzreservierung entgegen und antworten nur sporadisch am Telefon. Mit Grund: Der *campeggio* wird eh voll! Da hilft nur spontan planen oder früh da sein.

Sand und Muscheln mitnehmen

Null tolerant sind die Sarden beim Sand: Der muss – wie auch Muscheln und Steine – schön auf der Insel bleiben! Wer ein kostenloses Sandsouvenir mit nach Hause nehmen will, dem drohen empfindliche Strafen!

IM RESTAURANT GETRENNT BEZAHLEN WOLLEN

Eine einzeln pro Gast aufgeschlüsselte Rechnung? Geht gar nicht und bringt jeden noch so geduldigen sardischen Kellner in Verlegenheit. Mach' es wie die Italiener: die Rechnung durch die Zahl der Esser teilen und dann das Geld einsammeln. Bezahlt wird ohnehin an der Kasse, nicht am Tisch.

EINFACH MAL WO REINFAHREN

Sardische Dörfer haben ihre Tücken: Jenseits der Hauptstraße kann eine breite Gasse schnell gefährlich eng werden oder vor einem Hoftor enden. Auch ist der Blick nach oben sinnvoll. Nur wo der Linienbus durchkommt, passt auch dein Siebenmetergefährt durch. Darum lieber etwas außerhalb parken und zu Fuß ins Dorf. Die schönsten Innenhöfe entdeckst du ohnehin nur im Vorbeigehen. Auch Stichstraßen zum Meer können knifflig sein, wenn schön geteerte Straßen zu unüberwindlichen Schlaglochpisten werden.

Mittags Städte erkunden

Nicht wundern, wenn du in Cagliari, Alghero oder Olbia zur Mittagszeit mit deinem Riesenmobil ganz einfach einen Parkplatz bekommst – zwischen 13 und 17 Uhr würde kein Sarde einen Stadtbummel machen – viel zu heiß, da wird lieber daheim Siesta gemacht. Auf haben in den Innenstädten zu dieser Zeit ohnehin nur die internationalen Modeketten. Übrigens: Designerware gibt's nur im Laden, nicht am Straßenrand. Die ist ausnahmslos gefälscht, und schon allein der Kauf strafbar!